散户也能看懂的
AI量化交易书

从底层逻辑到实操运用

高顿量化研究院 编著

文汇出版社

图书在版编目（CIP）数据

散户也能看懂的 AI 量化交易书：从底层逻辑到实操运用/高顿量化研究院编著. -- 上海：文汇出版社，2025.8. -- ISBN 978-7-5496-4583-1

Ⅰ.F830.91-39

中国国家版本馆 CIP 数据核字第 2025VS2169 号

散户也能看懂的 AI 量化交易书：从底层逻辑到实操运用

编　　著/高顿量化研究院
责任编辑/戴　铮
封面设计/汤惟惟
版式设计/汤惟惟
出版发行/文汇出版社
　　　　　上海市威海路 755 号
　　　　　（邮政编码：200041）
印刷装订/上海中唱印刷有限公司
版　　次/2025 年 8 月第 1 版
印　　次/2025 年 8 月第 1 次印刷
开　　本/889 毫米×1194 毫米　1/32
字　　数/169 千字
印　　张/10.75
书　　号/ISBN 978-7-5496-4583-1
定　　价/48.00 元

前 言

亲爱的读者：

当您翻开这本书时，或许正深陷这样的困境——面对波动的K线图，耳边充斥着矛盾的股评，明明渴望理性投资，却总在情绪漩涡中作出错误决策。这不是您的个人困境，2023年主动权益型基金的整体业绩表现不佳，其中实现正收益的基金共770只，占比11.68%，收益率在10%以上的148只，占比仅为2.24%，6 595只基金收益率中位数-12.65%（数据来源：全景网）。这组数据揭示了一个残酷现实：传统投资方式正逐渐被淘汰，如同蒸汽机车面对高铁的降维打击。

本书脱胎于与3 000多名投资者的深度对话。他们中有尝试理财的退休教师，有想用代码征服市场的程序员，也有渴望突破理论瓶颈的金融科班生……这些不同投资者的观点呈现出显著的一致性趋势：阻碍普通人获利的并非知识壁垒，而是思维方式的代差。当手工交易者还在凭直觉决策时，量化投资者已在用数据建模；当散户纠结单次交易得失时，算法早已完成十万次历史回测。在金融科技迅猛发展的今天，量化交易早已不是少数精英的专利。随着 PTrade、Tushare 等平民化工具的普及，以及 AI 技术的赋能、海量历史数据的开放，普通人完全有机会通过系统学习掌握量化交易这门技能。

本书将带你完成从"散户交易者"到"智能交易者"的三重进化：

（1）思维重塑：从非理性交易者到概率策略师。

传统投资者常陷入"消息炒股""情绪交易"的泥潭：听说某个板块要涨就全仓杀入，看到账户浮亏就仓皇"割肉"。本书开篇以"天气预报式决策"的生动比喻，帮你建立量化思维的核心认知——用数据代替直觉，用概率战胜侥幸。通过老王选股的经典案例，你将亲历如何将模糊的投资灵感转化为清晰的交易规则，从此告别"高买低卖"的恶性循环。

（2）策略进阶：从单一武器到系统作战。

全书精心设计了阶梯式的策略学习路径：

基础篇（第 4 至 8 章）：从单均线趋势跟踪到双均线转折捕捉，从一阳穿三线启动点识别到 MACD+KDJ 多因子共振，12 个经典策略层层递进；

进阶篇（第 9 至 11 章）：揭秘年化 80% 的海龟交易法六维风控体系，掌握大小市值轮动的择时艺术；

装备库（第 12 至 15 章）：PTrade 机构级工具实操、

Tushare 数据库调取、TA-Lib 指标工厂搭建、AI 参数优化全流程。

每章配备 PTrade 体验版实操作业，用贵州茅台、中国平安等真实标的验证策略效果。当你完成所有章节的"思想—规则—验证"闭环训练，你将拥有自主开发复合策略的能力。

（3）风控觉醒：从冒险家到精密工程师。

量化交易不是"稳赚不赔"的印钞机，而是通过科学机制实现概率优势。本书特别设置"风险管理"专题模块：

第 5 章：单均线策略中，你会学到如何用 ATR（平均真实波幅）动态调整仓位；

第 9 章：海龟交易法详解"2% 单日止损 +6% 总账户熔断"的双保险机制；

第 14 章：TA-Lib 实战演示如何通过波动率过滤 80% 的无效信号。

这些经过机构验证的风控方法，将助你构建"截断亏损，让利润奔跑"的交易纪律。

为什么说现在是学习量化交易的黄金时机？

中国量化交易正在经历三大历史性机遇：

工具平民化：PTrade 等券商级平台向个人投资者开

放，零代码即可实现策略回测与实盘交易；

数据普惠化：Tushare、JoinQuant 等平台提供大量历史数据，AI 技术大幅降低策略开发门槛；

市场成熟化：2024 年量化私募管理规模突破 1.2 万亿元，日均贡献 A 股 13% 成交量，散户与机构同台竞技已成常态。

本书把握住这三大趋势，为读者打造"四维一体"的学习方案：

认知重塑：揭秘西蒙斯"大奖章基金"年化 66% 的底层逻辑，破除"量化 = 高频 = 砸盘"的认知误区；

实战演练：多个策略代码全公开，从参数修改到组合优化手把手教学；

工具赋能：PTrade 异动预警、智能画线、多策略并行等黑科技功能深度解析；

生态连接：配套量化社区、直播答疑、策略迭代服务，打造多维度学习体系。

你将收获的不仅是知识，更是一套可持续进化的交易系统

（1）建立量化思维框架。

解析"数据采集→因子提取→策略构建→回测验证→实盘执行"的完整流程；

运用夏普比率、最大回撤、盈亏比等核心评估指标；
理解机器学习在因子挖掘、参数优化中的前沿应用。

（2）掌握全天候作战能力。

在趋势行情中运用双均线+唐奇安通道捕捉主升浪；
在震荡市中通过 MACD+KDJ 共振实现高抛低吸；
在极端行情下借助海龟交易法 ATR 风控体系守住收益。

（3）打造个性化装备库。

10 分钟完成一个策略从构思到回测的全流程；
调用 TA-Lib 库中的 132 个技术指标；
理解 Python 量化生态圈的进阶开发路径。

写给即将启程的你

1995 年"327 国债"事件中，叱咤风云的"中国证券教父"管金生因人工交易失误亏损数十亿元；而同期大洋彼岸的西蒙斯，却用数学模型在金融危机中狂揽 98% 收益。这两个相隔万里的平行故事，揭示了一个残酷真相：在算法主导的市场中，手工交易者就像手持长矛面对坦克军团。但令人振奋的是，这场革命带来的不是绝望，而是前所未有的机遇。当你在 PTrade 上运行出第一个跑赢大盘的策略，当你看着程序自动捕捉到"一阳穿三线"的启动点，当你发现账户收益曲线开始独立于市场波动……你会深刻理解：这不只是冰冷的算法运转，而是人类智慧通过数字技术的璀璨绽放。

现在，请打开第1章，让我们共同踏上这场激动人心的认知革命。记住：最顶尖的私募基金经理，也曾是和你一样的"散户"，区别只在于他们更早地踏上量化交易的探索之旅。

目　录

第 1 章

解码量化交易：从认知重塑到体系构建

1.1　量化思维革命：数字决策如何重塑现代投资　*5*
1.2　财富新范式：揭秘年化 40% 的量化私募成长史　*6*
1.3　量化交易三部曲：思想—规则—验证的闭环系统　*7*
1.4　章节总结　*13*

第 2 章

跨越人工交易陷阱：量化交易的发展历程

2.1　从萌芽到爆发：中国量化交易的三次跃迁　*17*
2.2　全面超越手动交易：量化交易的五大碾压优势　*20*
2.3　散户逆袭可能吗？破解量化学习的三大认知误区　*24*
2.4　从青铜到王者：构建量化交易体系的实战路线图　*27*
2.5　章节总结　*28*

第 3 章

从灵感到变现：量化交易的三阶进化论

3.1 走向量化交易：核心三步走　*33*

3.2 PTrade 深度解密：机构级量化工具　*35*

3.3 PTrade 体验版全息解剖：散户友好的量化操作台　*37*

3.4 PTrade 实战体验：你也能打造超 40% 的策略　*40*

3.5 章节总结　*44*

第 4 章

量化交易必学的四大基础知识

4.1 价值与趋势的博弈：基本面分析 VS 技术面分析　*49*

4.2 洞察股价变化：K 线解读指南　*51*

4.3 跟踪趋势变化：均线的实战技巧　*55*

4.4 判断进场信号：成交量背后的主力意图　*57*

4.5 章节总结　*59*

第 5 章

单均线实战：判断和跟踪趋势的策略

5.1 "投资思想"策略构建的底层逻辑　*65*

5.2 "交易规则"四步快速构建交易系统　*66*

5.3　"电脑验证"策略效果监测和反馈　*77*

5.4　章节总结　*78*

第 6 章

双均线实战：捕捉趋势转折的信号

6.1　"投资思想"策略构建的底层逻辑　*83*

6.2　"交易规则"四步快速构建交易系统　*84*

6.3　"电脑验证"策略效果监测和反馈　*93*

6.4　章节总结　*94*

第 7 章

一阳穿三线实战：捕捉强势启动点的量化策略

7.1　"投资思想"策略构建的底层逻辑　*99*

7.2　"交易规则"快速构建交易系统　*100*

7.3　"电脑验证"策略效果监测和反馈　*109*

7.4　章节总结　*116*

第 8 章

一阳穿三线叠加均线：启动点捕捉与动态择时策略

8.1　"投资思想"策略构建的底层逻辑　*121*

8.2 "交易规则"快速构建交易系统 *122*

8.3 "电脑验证"策略效果监测和反馈 *131*

8.4 章节总结 *137*

第 9 章

海龟交易法实战：量化交易必学的经典策略

9.1 世纪赌约：普通人如何创造 80% 年化奇迹 *141*

9.2 "投资思想"六维风控体系：买入卖出的黄金法则 *142*

9.3 "投资思想"唐奇安通道：根据通道突破操作 *144*

9.4 "投资思想"ATR：根据波动率买卖的武器 *148*

9.5 "交易规则"快速构建交易系统 *151*

9.6 "电脑验证"策略效果监测和反馈 *155*

9.7 章节总结 *157*

小白充能站：海龟交易法注意事项 *160*

第 10 章

指标共振：MACD+KDJ 策略实战

10.1 "投资思想"MACD 解析：根据双线预测价格趋势 *163*

10.2 "投资思想"KDJ 解析：通过价格比对判断超买超卖 *165*

10.3 "交易规则"多因子融合：MACD+KDJ 策略 *167*

10.4 "电脑验证"策略效果监测和反馈 *170*

10.5　章节总结　*175*

小白充能站：MACD 和 KDJ 使用注意事项　*177*

第 11 章

通过市值捕捉机会：大小市值策略

11.1　市值透视术：从万亿龙头到潜力小盘　*183*

11.2　"投资思想"策略构建的底层逻辑　*187*

11.3　"交易规则"快速构建交易系统　*187*

11.4　"电脑验证"策略效果监测和反馈　*204*

11.5　章节总结　*208*

小白充能站：市值策略注意事项　*209*

第 12 章

PTrade 专业版实战手册

12.1　快速上手：专业操盘手界面揭秘　*215*

12.2　盯盘黑科技：异动预警 + 智能画线　*218*

12.3　快速实现交易：新股 /ETF/ 逆回购一键通　*223*

12.4　多种实用工具：打板 / 网格 / 套利八大武器　*225*

12.5　量化交易中枢：多策略并行管理与风险控制　*230*

12.6　章节总结　*240*

小白充能站：PTrade 介绍　*241*

第 13 章

Tushare 数据库：金融数据库全解析

13.1 揭开 Tushare 面纱：机构级金融数据中枢 *246*

13.2 三步解锁数据宝藏：从 API 调用到北向资金追踪 *248*

13.3 章节总结 *256*

第 14 章

量化指标工厂：TA-Lib 库全攻略

14.1 揭秘 TA-Lib：百种技术指标的底层引擎 *259*

14.2 三步构建智能交易系统：从均线计算到形态捕捉 *298*

14.3 章节总结 *312*

小白充能站：Python 量化生态圈 *313*

第 15 章

AI 量化助手：从策略优化到智能调参全实战

15.1 智能投研新基建：主流 AI 平台能力矩阵解析 *317*

15.2 快速打造工作流：提示词实战手册 *322*

15.3 章节总结 *329*

后记 *330*

第 1 章

解码量化交易：
从认知重塑到体系构建

股市有风险，入市需谨慎。书中提到的所有案例和收益仅作参考，主要以教学为目的，不构成收益保证。

随着大数据和人工智能时代的到来，量化交易已成为新的投资趋势。

申万宏源研报显示，量化私募贡献的日交易金额已超1 200亿元，占A股日均交易金额的13%。换言之，每发生10次交易，就有1次是与量化机构进行的。2017年，国内量化类私募基金总规模仅有约1 000亿元；但到2020年，国内量化私募规模超过了1万亿元。仅仅几年时间，国内量化私募基金规模已扩大到原来的10倍，发展相当迅速。

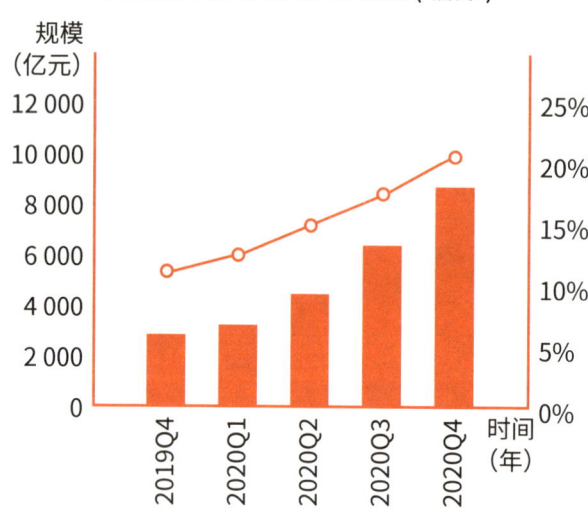

国内量化私募管理人整体规模（估算）

除了发展速度快，近几年量化交易市场还催生出了不少"暴富"神话。此前，量化机构某金经理获5 000万元年终奖的新闻就一度刷屏互联网。还有更夸张的，

2022年幻方量化旗下的员工"一只平凡的小猪"（化名）个人向慈善机构捐款1.38亿元，要知道这还只是一名普通员工而已！

> 和讯网 2023-01-10 16：20
>
> 化名"一只平凡的小猪"，私募员工个人1.38亿元捐赠刷屏，网友调侃：兔年想做一只平凡的小猪
>
> 财联社1月10日讯（记者闫军）刚刚开年，600亿量化私募幻方量化因近3.6亿元巨额捐赠霸屏社交平台。"一只平凡的小猪"更迅速成为当前金融圈最火的称呼。
>
> 1月9日，幻方量化在自己官方账号发布一则捐赠文章中提到，2022年度，幻方量化共计向慈善机构捐赠2.2138亿元。公司员工"一只平凡的小猪"个人向慈善机构捐赠1.38亿元。以上合计3.5938亿元均已完成打款。
>
> 幻方量化并未透露这个化名为"一只平凡的小猪"员工是具体的一个人还是公司员工整体的代称，个人捐赠1.38亿元让网友直呼这份正能量，"想成为一只平凡的小猪"。

此外，虽然近几年经济不景气，各行各业都在降薪裁员，但量化交易行业却是一片繁荣：刚毕业的本科生进入量化机构，第一年就能拿到100万元到200万元的

年薪；甚至在读大学生到量化机构实习，一天的实习补贴也能达到1 500元。

> 2024-01-09 08：05：20 来源：每日经济新闻
>
> 博士年薪百万起步，实习生每日1 500元津贴，量化机构"抢人"大招频出
>
> 每日经济新闻消息，近期，华尔街量化圈应届生的年薪超200万元刷屏！
>
> 国内量化的人才市场又是怎样的呢?据记者调查，当前在应届生的招聘上主要以顶尖高校的博士为主，年薪百万起步，同时为实习人才提供每日1 500元的实习津贴。一般情况下，优秀的应届研究生，策略投研人才在百亿量化私募的薪酬水平是50万~80万元一年的总包，小一点量化私募40万~60万元一年总包。

那么，为什么量化交易在最近几年会这么火呢？量化交易又到底是什么呢？

1.1 量化思维革命：数字决策如何重塑现代投资

要弄懂什么是量化交易，首先要知道什么是"量化"。

从学术研究来说，量化是一种以数字和数据分析为基础的思维方式。量化是将复杂的问题，转化为可以通过数学方法和逻辑分析解决的具体数据问题，通过数据的收集、处理、分析和解释，揭示事物的本质和规律，从而帮助我们作出科学的决策。

其实量化思维并没有那么难，我们日常生活中经常会接触到量化思维。

例如，在出门前，我们经常会打开手机查看当天的天气状况，如果下雨的概率比较高——天气软件显示当天有 80% 的概率会下雨，出门时就会把雨伞带上。

在这个案例中就用到了量化思维：我们根据当天下雨的概率来决定出门时是否带雨伞。除此之外，用考试分数来反映学习能力，如 90 分以上的分数（满分为 100 分）表明考生的学习能力强；用视频的播放量来反映视频受欢迎程度，如"百万+"播放量表明视频的受欢迎程度高，这些都体现了量化思维。

总结而言，量化思维就是用数字解决生活中遇到的问题，它把"大概""可能"变成具体数字，将复杂问题拆分成可计算的具体步骤，用数据代替"瞎猜"，帮你作出更靠谱的决定。

简言之,量化其实就是6个字——信数字,少纠结!

1.2 财富新范式:揭秘年化40%的量化私募成长史

从学术角度来讲,量化交易是一种通过数学模型、统计分析和计算机算法来制定和执行交易策略的方式。

量化交易利用大量的历史和实时市场数据,识别市场中的规律和趋势,从而自动生成交易信号并执行买卖操作。量化交易的核心在于将复杂的交易决策过程简化为可执行的算法,减少人为情感和偏见的影响。实际上,量化交易并没有那么复杂,无非就是将量化思维应用到投资中。

近几年量化交易出现爆发式增长,但量化交易其实并不是什么新鲜事物,早在20世纪50年代量化交易就已经诞生了。而真正将量化交易带入大众视野的,是美国知名对冲基金公司文艺复兴科技公司的创始人——詹姆斯·西蒙斯。

詹姆斯·西蒙斯是一个创造了收益神话的传奇人物,他是西蒙斯基金会联合创始人,世界级的数学家兼投资者,也是最伟大的对冲基金经理之一。1988年,詹姆斯·西蒙斯创立的文艺复兴科技公司旗下"大奖章基金"正式运作。这只基金在随后的 30 年间取得了令全球瞠目结舌的骄人业绩——年化收益率高达 39.1%！

更令人惊叹的是，即使在两次重大金融危机期间，大奖章基金也交出了漂亮的答卷：1994 年美联储不断加息，全市场普遍下跌，但大奖章基金的年化收益率仍高达 71%；2008 年美国次贷危机爆发，大部分基金几乎血本无归，但大奖章基金取得了全年 98.2% 的超高收益。截至 2024 年 5 月 10 日，西蒙斯在彭博亿万富翁排行榜上位列第 49 位，个人财富高达 318 亿美元。

通过詹姆斯·西蒙斯的介绍，相信大家已经感受到量化交易的强大。那么，量化交易到底要怎么实现？如何将量化思维应用于实际的投资和交易中？

1.3 量化交易三部曲：思想—规则—验证的闭环系统

要将量化思维应用到投资和交易中其实并不难，总结起来量化交易有以下三个步骤：（1）梳理投资思想；（2）把投资思想变为交易规则；（3）电脑执行交易规则。这三个步骤可简单理解为"投资思想""交易规则"和"电脑验证"。

注意，量化交易的三个步骤非常重要，本书大部分内容会围绕这三个步骤展开讲解。为方便大家理解，下面用"老王炒股"的案例为大家展开讲解。

老王是一名老股民，每天都看各类股票信息，想找到未来能上涨的股票。但股票软件里面的信息很多，如新闻、财务数据、行业板块、分时图、K线图等，看得老王眼花缭乱。不过，如果老王学过量化思维那就简单很多了，只需三步就能将老王凌乱的投资想法变为清晰的量化思维。

第一步，梳理投资思想。

老王平常会看很多信息很多，但每天必看的只有以下三种：行业板块、新闻政策、公司市值。

股票	行业板块	新闻政策	公司市值
股票1	国防军工	印度总理莫迪访美，重点谈军工合作； 国资委会议强调央企并购重组工作	152.9亿元
股票2	计算机应用	BM计算机实验表明，量子计算机将超越传统计算机； 国家网信办境内深度合成服务算法方案	938.6亿元
股票3	消费电子	高速光模块需求加速释放，工信部电子信息司提出将聚焦集成电路等重点领域关键技术标准化	2 164.59亿元

根据以上几方面的信息，老王注意到三只股票。这三只股票都有利好消息，那么哪只股票上涨的概率更大

呢？老王习惯"先选行业板块，再选个股"，因为他认为新闻政策会先影响行业板块，再影响个股。在个股的筛选中，老王又强调要盯"龙头股"，因为在行业板块内部，龙头股的吸收资金能力最强，买卖人数最多，容易受到板块热点的影响，更易产生趋势行情。选好了要买哪个龙头股，老王又表示，如果要进行买卖操作，他会以 5 日和 10 日均线交叉作为买卖信号，即 5 日均线上穿 10 日均线买入，5 日均线下穿 10 日均线卖出。

如此一来，一个完整的投资思想就梳理出来了。

第二步，把投资思想变为交易规则。

从老王的投资思想中我们不难发现，"行业板块"和"龙头股"是两个关键要素。接下来，我们需要找出可以反映这两个关键要素的相关指标。

反映行业板块的相关指标如下：

（1）板块热度值排名：可以体现板块当天的点击情况和成交人数，适合作为关键指标。

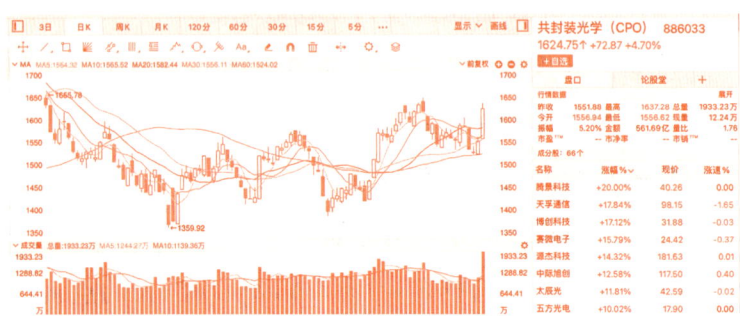

（2）板块涨幅：可以表明一段时间内板块发展趋势，涨幅越高，说明资金投入越多，热度越高。

（3）涨停股数：板块内涨停个股数量越多，说明资金关注度越高，持续性越好。

第 1 章　解码量化交易：从认知重塑到体系构建

共封装光学（CPO）板块个股共有 66 只。

	代码	名称	涨幅%∨	现价	主力净...	主力净流入	涨跌	涨速%	总量	换手%	振幅%
1	688195	腾景科技	+20.00%	40.26	0.95	3138.53万	6.71	0.00	16.12万	19.70	15.56
2	300394	天孚通信	+17.84%	98.15	1.32	4.48亿	14.86	-1.65	37.24万	10.30	19.25
3	300548	博创科技	+17.12%	31.88	3.27	2.40亿	4.66	-0.03	57.44万	25.10	15.72
4	300456	赛微电子	+15.79%	24.42	1.85	2.58亿	3.33	-0.37	80.49万	13.78	18.82
5	688498	源杰科技	+14.32%	181.63	-0.71	-2259.59万	22.75	0.01	4.36万	23.51	17.33
6	300308	中际旭创	+12.58%	117.50	0.42	3.46亿	13.13	0.40	62.84万	8.38	13.29
7	300570	太辰光	+11.81%	42.59	0.25	2199.50万	4.50	-0.02	52.70万	27.18	14.91
8	002962	五方光电	+10.02%	17.90	-0.11	314.45万	1.63	0.00	72.57万	34.69	13.83
9	603083	剑桥科技	+10.00%	43.12	3.25	3.60亿	3.92	0.00	43.31万	16.62	9.87
10	000988	华工科技	+9.99%	32.58	2.43	7.87亿	2.96	0.00	101.39万	10.09	9.66
11	301205	联特科技	+8.76%	127.90	0.04	317.62万	10.30	-0.06	11.25万	16.56	16.56
12	688313	仕佳光子	+8.31%	14.08	0.40	2423.13万	1.08	0.07	31.22万	7.16	9.62

看完行业板块，接下来是龙头股，龙头股相对来说没有那么复杂。反映龙头股的相关指标包括公司市值和行业板块内的市值排名，一般市值排名前三的就是龙头股。

	代码	名称		总金额	均笔额	笔数	手/笔	外盘	内盘	总市值	流通市值
1	002475	立讯精密	3	17.17亿	1.95万	8.83万	633	30.62万	25.26万	2208.07亿	2204.25亿
2	300308	中际旭创	5	71.04亿	4.59万	15.48万	406	31.20万	31.64万	943.32亿	881.49亿
3	600703	三安光电	8	8.84亿	1.56万	5.68万	1134	35.37万	29.03万	684.99亿	684.99亿
4	000938	紫光股份	9	19.59亿	1.48万	13.24万	709	54.48万	39.39万	598.90亿	598.90亿
5	600584	长电科技	6	10.00亿	1.53万	6.55万	517	15.81万	18.08万	532.11亿	532.11亿
6	600522	中天科技	3	4.04亿	1.69万	2.39万	1317	13.94万	17.58万	437.54亿	437.54亿
7	600183	生益科技	0	2.01亿	6945	2.90万	410	7.44万	4.46万	396.96亿	396.96亿
8	300394	天孚通信	1	34.61亿	3.75万	9.23万	404	19.26万	17.98万	387.58亿	354.83亿
9	300502	新易盛	9	61.73亿	3.44万	17.96万	638	55.06万	59.48万	384.78亿	334.75亿
10	000988	华工科技	6	32.37亿	2.45万	13.24万	766	58.54万	42.85万	327.59亿	327.42亿

根据以上分析，我们可以将老王的选股投资思想转换为以下表格中的数据：

股票	行业板块	板块情况			个股情况	
		5日涨幅	板块热度值	涨停数	公司市值	板块内市值排名
股票1	国防军工	4.69%	7.4w	0	152.9亿元	42
股票2	计算机应用	0.03%	2.3W	1	938.6亿元	5
股票3	消费电子	2.48%	4.6W	1	2 164.59亿元	2

从上面这张表格中，我们可以发现：国防军工板块热度高，但股票1的市值小，所以不符合条件；股票2的市值大，但计算机应用板块热度低，也不符合条件；最后，消费电子板块热度高，且股票3的市值大，所以符合条件。因此，消费电子板块的股票3就是老王的操作对象了。选出股票后，最后一步就是按照老王的投资思想进行买卖操作。

第三步，执行交易规则。

上文提到，在选出个股后，如果老王决定买入，会以5日和10日均线交叉作为买卖信号。

没有量化交易的辅助，老王经常早上9点30分就开始盯盘了。盯盘一周后，6月14日股票3出现买入信号，老王眼疾手快，果断买入。老王如果学会量化交易，可以让电脑自动盯盘并自动执行交易，就不需要辛苦盯盘了。说了这么多，老王最后到底有没有赚钱呢？我们来看消费电子板块股票 3 的 K 线图。

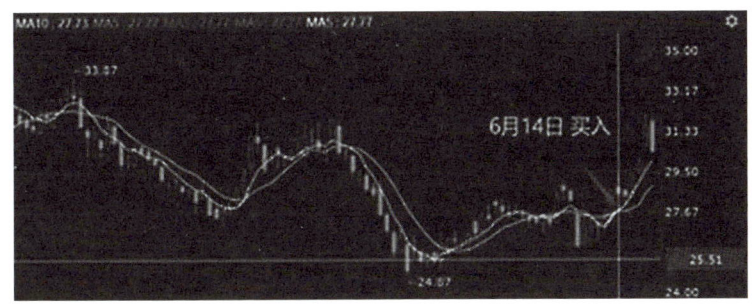

股票 3 在 6 月 14 日收盘价为 28.51，截至 6 月 20 日收盘价为 31.58，买入一周涨幅就超过了 10%，收益还是挺可观的。

以上就是量化交易的完整流程了。总的来说，量化交易就是先找出投资思想，再将投资思想转换为交易规则，最后去执行这个交易规则，而这个执行者就是精准可靠的计算机。

1.4 章节总结

本章讲解了什么是量化交易，总共分为以下三部分。

（1）**量化思维革命：数字决策如何重塑现代投资。**

理解量化交易，首先需要知道"量化"是什么。

量化是一种思维方式，是用数字解决生活中的选择题，把"大概""可能"变成具体数字，将复杂问题拆分成可计算的具体步骤，用数据代替"瞎猜"，帮你作出更靠谱的决定。

（2）财富新范式：揭秘年化 40% 的量化私募成长史。

量化交易并不是什么新鲜事物，早在 20 世纪 50 年代，量化交易就已经诞生了。而真正将量化交易带入大众视野的，是美国知名对冲基金公司文艺复兴科技公司的创始人——詹姆斯·西蒙斯。

西蒙斯是当代投资领域最传奇的人物之一，从 1988 年至 2018 年的 30 年间，尤其创立的大奖章基金的年化收益率高达 66.1%，即便扣除昂贵的费用，也仍然留有 39.1% 的费后年化收益率。

（3）量化交易三部曲：思想—规则—验证的闭环系统。

想要实现量化交易其实并不难，无非就是"投资思想""交易规则""电脑验证"这三个步骤。本节通过老王的案例分析，对这三个步骤进行深入解读。

第 2 章

跨越人工交易陷阱：量化交易的发展历程

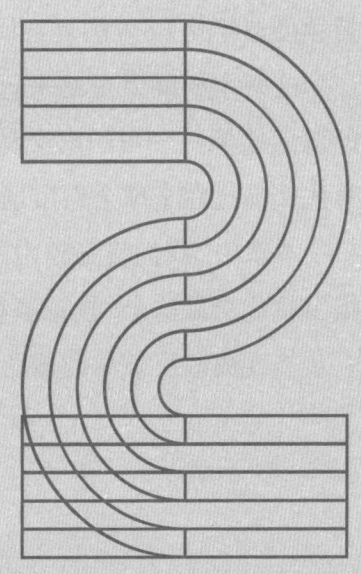

股市有风险，入市需谨慎。书中提到的所有案例和收益仅作参考，主要以教学为目的，不构成收益保证。

1995年2月23日,上海万国证券公司总经理管金生盯着国债期货的盘面,额头渗出细密的汗珠。这个被称为"中国证券教父"的男人亲手缔造了当时中国最大的证券公司,此刻却正在经历职业生涯最黑暗的时刻。他在"327国债"事件中孤注一掷地进行人工交易,最终因操作失误导致公司出现数十亿的巨亏,亲手埋葬了自己建立的"证券王国"。

这个载入中国证券史册的经典案例,暴露了人工交易难以克服的三大致命伤:情绪驱动的赌博心态、主观判断的政策误读、手动操作的技术风险。

就在同一时期,大洋彼岸的华尔街,数学家詹姆斯·西蒙斯正在用数学模型收割市场,他创立的大奖章基金在1994年实现71%的惊人收益,且在此后20余年持续创造年化66%的复合回报。

这两个相隔万里的平行故事,恰似量化交易发展史的双面镜像——当国内交易所仍以人工报单为主流时,算法交易已在全球金融市场悄然崛起。

本章中,我们将穿越中国量化交易20余年发展长河,揭示量化交易这个"投资圣杯"是如何从机构专属"武器"一步步变成散户破局利器的。

2.1 从萌芽到爆发：中国量化交易的三次跃迁

为什么要学习量化交易？从中国量化交易的发展历程来看，国内量化交易经过多年发展已经逐步走向成熟，现在正是学习量化交易的黄金时机。按照不同阶段划分，国内量化交易的发展历程可分为探索起步阶段、加速发展阶段和逐步成熟阶段。

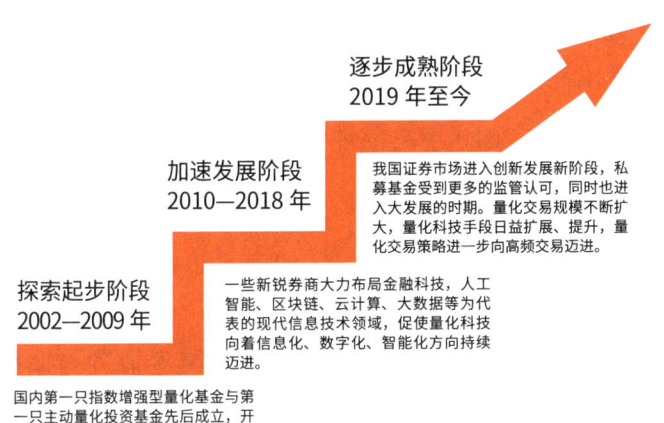

2.11、第一阶段：2002—2009 年，混沌初开的拓荒时代

2002 年 10 月 15 日，华安基金管理公司依托上海证券交易所同年 7 月发布的上证 180 指数，招募成立国内第一只指数增强型量化基金——华安上证 180 指数增强

型基金。2002年11月8日，华安上证180指数增强型基金正式成立，募集资金共计30.94亿元人民币，自此国内机构量化交易时代正式开启。

2004年8月27日，光大保德信基金发行设立"光大保德信量化核心证券投资基金"，首期募集资金25.44亿元，这开启了国内主动量化交易的时代。这些基金运作管理开始运用量化技术，但由于金融工具匮乏、交易制度和监管机制的不完善，量化交易和量化科技的开发应用尚处于起步、摸索阶段。因此对于公募基金量化产品来说，2010年之前还处于初期探索阶段。

2.12、第二阶段：2010—2018年，科技催生的黄金九年

2010年开始，国内正式推出融资融券业务与期指期货，标志着我国股市开始可以进行有条件的做多与做空双向交易和杠杆交易。这为股票市场量化对冲交易、高频交易、基金管理等提供了基础性金融工具。2013年6月，修订后的《中华人民共和国证券投资基金法》正式实施，阳光私募基金纳入法律监管范畴，私募基金受到更多的监管认可，我国量化交易、量化科技开始进入快速发展的时期。

2015年2月，上证50ETF期权获准推出；同年4月，

上证 50 与中证 500 两个股指期货在中国金融期货交易所上市交易。这些期权产品给量化交易提供了更多的对冲工具，也为量化交易带来了更多的交易策略。这一时期，量化科技涵盖了多元化的策略模型，如多因子选股、事件驱动选股、基本面量化选股等各种选股方式。各类量化对冲策略，如股票中性、股票多空、CTA 策略、套利策略、期货策略、期权策略、债券策略等也被大量运用于投资实践。量化交易的可行策略得以丰富，量化科技手段日益扩展、提升，量化交易策略进一步向高频交易迈进。

此外，量化交易开始将云计算、大数据和市场交易平台进行连结，将信息收集、因子提取、模型构建、计算编程、投资决策、具体交易、回测分析更紧密地结合起来，打造出综合性的交易平台和生态系统。量化交易规模不断壮大，截至 2018 年底，国内仅公募基金发行与管理的股票指数基金就有 572 只，资产管理规模合计达到 5 320 亿元（不计 ETF 基金），占据全部股票型公募基金的 72%。

2.13、第三阶段：2019 年至今，AI 赋能的量化交易新纪元

2019 年，证券市场改革继续向深度和广度拓展，两

融标的扩容、融券的放开与应用，丰富了量化策略的种类和容量，将量化交易推入新的发展阶段。

从这一时期开始，一些新锐券商开始大力布局金融科技，量化科技开始真正步入规范、成熟发展的新时代。技术、产品与策略的不断丰富，使量化基金产品成为居民财富管理的重要方式之一，量化交易规模稳步增长。广泛的新型科技工具的应用成为这一时期量化科技发展的新特征，以人工智能、区块链、云计算、大数据等为代表的现代信息技术深度融合，促使量化科技向着信息化、数字化、智能化方向持续迈进。机器学习、深度学习等 AI 算法在股票和衍生品市场上取得显著成绩，为投资者创造了巨大的收益，正深刻地改变着投资理念和投资生态。

2.2 全面超越手动交易：量化交易的五大碾压优势

为什么要学习量化交易？最直接的原因是，相较于传统的手动交易，量化交易拥有非常多的优势。

从收益率来看，量化交易已全面超越人工炒股。下面以 2023 年全市场的收益表现为例。2023 年，A 股行情表现不佳，其中沪深 300 指数全年累计下跌了 11.38%。虽然市场整体表现不佳，但量化私募机构却丝毫不受影响。

除了量化交易的收益表现更好，相比于手动交易，量化交易还有以下的五大优势。

2.21、优势一、避免受到情绪的影响

在传统的人工炒股中，投资者常常被情绪裹挟。当市场大涨时，贪婪会让人盲目追高；市场暴跌时，恐惧又驱使散户仓皇"割肉"。例如，某只股票因一则利好消息突然涨停，股民可能因害怕错失机会而高价买入，却忽视了股价已偏离基本面；而当市场意外回调时，许多人又会因恐慌而低价抛售，最终陷入"高买低卖"的恶性循环。

而量化交易就能很好地解决这个问题，它像一位冷静的"机器人管家"，完全基于预设的规则和算法执行交易，不会因一则新闻而心跳加速，也不会因账户浮亏而踌躇不决。比如，当股价触发设定的止损线时，系统会立即平仓，避免拖延带来更大损失。这种纪律性源于计算机的绝对理性——它只认数据，不凭感觉。

通过将情绪因素排除在交易之外，量化策略能帮助投资者跳出"追涨杀跌"的人性陷阱，在波动中保持稳定节奏。

2.22、优势二、避免过度的主观判断

很多股民会依赖小道消息或股评推荐的"玄学解读"来进行决策。比如，某投资者听说"新能源板块即将爆发"，便盲目重仓相关股票，却忽视了行业产能过剩的数据。这种主观判断如同蒙眼走路，极易被认知偏差误导——人们总会选择性地关注那些支持自己观点的信息，却对相反证据视而不见。

而量化交易则像一台精密的数据分析仪，它通过统计模型对海量历史数据进行回测，识别出具有统计显著性的规律。例如，系统发现某类低估值股票在财报季前后存在超额收益，便会自动纳入候选池。这种决策机制完全剥离了"我觉得""我认为"的主观臆断，转而用数学概率说话。就像气象预报用数据预测降雨概率，量化模型用数据揭示投资机会的胜率。

2.23、优势三、降低操作错误的风险

手动交易如同高空走钢丝，任何一个操作失误都可能酿成事故。有的投资者可能因看错代码而误买 ST 股，或因手抖多输一个零导致仓位失控。根据某券商记录，2024 年因输错价格导致的异常交易占人工失误的 37%，甚至有投资者将"买入"误操作为"卖出"，瞬间损失数十万元。这些看似低级的错误，在紧张的交易环境中

却屡见不鲜。

而量化系统则像全自动流水线，从信号生成到订单提交，全程由代码控制。当模型监测到符合条件的交易机会时，会在毫秒级时间内完成校验、报单、成交的闭环操作。例如，某套利策略需要同时在港股和A股市场下单，人工操作可能因延迟错过价差，而程序化交易能精准捕捉转瞬即逝的机会，这种机械化的精准度可以在最大程度规避"胖手指"等人为操作风险。

2.24、优势四、更好地实现风险管理

散户投资者常像不带救生衣的冲浪者，对风险缺乏系统防御。例如，当重仓股突然跌停时，很多人选择"躺平装死"，期待奇迹反弹，结果亏损持续扩大。数据显示，2024年A股个人投资者中，仅有12%会严格执行止损纪律，而高达83%的亏损源于"再等等看"的侥幸心理。

量化交易则可以通过预设波动率阈值、仓位上限、动态止盈止损等多重防护机制，更好地实现风险管理，就如同给投资组合穿上防弹衣。例如，当组合单日亏损超过5%时，自动启动减仓程序；当个股波动率突破历史极值时，立即触发对冲交易。这种全天候的风险监控能力，使得投资组合既能抓住趋势利润，又能有效规避"黑天鹅"冲击。

2.25、优势五、更全面地进行市场分析

普通股民分析市场往往会依赖零散的新闻片段或技术指标，这就如同管中窥豹。某调查显示，78%的个人投资者根据"朋友推荐"或"论坛热帖"进行决策，仅有9%的个人投资者会系统性分析数据。事实上，这种碎片化认知容易导致误判，比如将政策利好简单等同于股价上涨，却忽视行业竞争格局的变化。

而量化模型则像装备了卫星雷达的领航员，能同时处理数百个维度的数据。从宏观经济指标到微观订单流，从行业景气度到社交媒体情绪，系统通过机器学习挖掘变量间的非线性关系。例如，量化模型通过自然语言处理技术实时解析上市公司公告，结合供应链数据预判业绩拐点。这种全景式分析能力，使量化策略不仅能捕捉显性规律，还能发现许多难以察觉的隐藏信号。

2.3 散户逆袭可能吗？破解量化学习的三大认知误区

聊到量化交易，很多人即便感兴趣，也会因担心学习难度太大而最终望而却步。

调研发现，大部分人在学习量化交易时会有以下几

种顾虑，而这些问题其实都能得到良好解决，大家无须担忧。

2.31、编程能力弱甚至不会编程

很多人误以为量化交易必须精通编程，但其实并非如此。随着技术不断进步，量化交易的门槛已大幅降低。

目前，市面上大部分主流的量化系统都有封装好的策略，例如后面将重点讲解的 PTrade 就是如此。我们不需要学会编程，只要达到能看懂策略的水平，然后根据自身需求对策略进行复制并修改参数即可。另外，随着 AI 技术的不断发展，像编程等工作也可以通过 AI 辅助进行，例如让 AI 为我们讲解难以理解的策略代码，从而可以大幅提升学习效率。

2.32、刚开始投资，对股市缺乏深入研究

很多刚接触投资的人可能会觉得自己对股市研究不深，担心做不好量化交易。其实，量化交易的本质是用数据验证经验，因而即使是刚接触股票、缺乏投资经验的新手也能做好量化交易。

对于零股市投资经验的新手，可以从简单且久经考验的经典策略模型切入，如最简单的均线策略；在获取了策略代码并对策略调优后，就可以尝试进行回测。用

回测工具模拟策略在过去 5~10 年的表现，观察最大回撤、盈亏比等指标。比如策略在 2018 年熊市回撤 25%，则需加入止损规则优化。最后，通过券商虚拟账户验证策略稳定性，记录至少 100 笔交易数据，如果没有问题就可以尝试实盘。实际上，在量化交易中投资经验不足反而可能成为优势，因为这样能减少主观偏见干扰，更易接受数据驱动的客观决策。

2.33、年龄偏大，担心学习效果不理想

很多人可能因自身年龄偏大而担忧学不好量化交易。实际上，学习量化交易并不受年龄限制，只要通过系统性学习，掌握量化交易这门技能并不是难事。

量化知识看似庞杂，实则可分解为以下两部分：（1）金融基础——只需掌握 K 线、均线、成交量等核心概念，理解"低买高卖"的本质逻辑；（2）策略思维——从经典模型（如双均线策略）入手，逐步理解"投资思想""交易规则""电脑验证"的闭环流程。

总而言之，如果想要掌握量化交易这门技能，我们不要总是盯着结果，真正要做的是了解如何才能学习好量化交易，过程做好了，结果自然水到渠成。

2.4 从青铜到王者：构建量化交易体系的实战路线图

2.41、从现在开始投资自己

巴菲特曾说："你能做的最佳投资，就是投资自己。"

在信息社会中投资什么，回报率最高？答案是脖子以上的投资，也就是投资自己。只要你下定决心，就可以学会量化交易，跟上大数据、人工智能的时代趋势，构建起属于你自己的科学有效的量化交易思想体系。

2.42、构建你的投资交易体系

要掌握量化交易这门技能，需要学习量化交易的基础知识，学会分析投资市场各类指标与策略，并形成自己的投资思想。

而后基于自己的投资思想，多做量化策略实战训练，对投资思想加以验证，并提炼自己的交易规则；再根据历史回测，进行二次开发、优化，提升收益率。

只有通过不断学习，才能构建自己的投资体系，最终逐步提升投资能力。

2.5 章节总结

本章讲述了为什么要学习量化交易以及如何学习量化交易,总共分为以下四部分。

(1) 从萌芽到爆发:中国量化交易的三次跃迁。

国内量化交易的发展历程总共分为三个阶段:第一阶段,混沌初开的拓荒时代(2002—2009年);第二阶段,科技催生的黄金九年(2010—2018年);第三阶段,AI赋能的量化交易新纪元(2019年至今)。

(2) 全面超越手动交易:量化交易的五大碾压优势。

为什么要学习量化交易?首先,量化交易的收益表现更好,其收益率已全面超越人工炒股。其次,与传统手动交易相比,量化交易还具有以下五大优势:第一,可以避免受到情绪的影响;第二,可以避免过度的主观判断;第三,能够降低操作错误的风险;第四,可以更好地实现风险管理;第五,能更全面地进行市场分析。

(3) 散户逆袭可能吗？破解量化学习的三大认知误区。

针对零基础者能否学好量化交易这个问题，本节对大众普遍存在的三大认知误区进行逐一分析。从整体来看，无论基础知识、投资经验、年龄如何，只要经过系统性学习，掌握量化交易这门技能并非难事。

(4) 从青铜到王者：构建量化交易体系的实战路线图。

关于零基础者如何学习量化交易，本节也给出了建议。想要学好量化，需从现在开始投资自己，构建自己的投资交易体系。

第 3 章

从灵感到变现：量化交易的三阶进化论

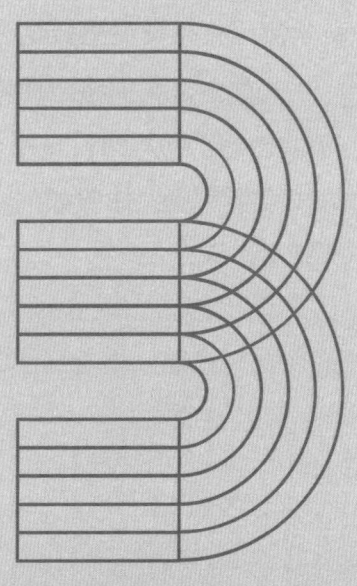

股市有风险，入市需谨慎。书中提到的所有案例和收益仅作参考，主要以教学为目的，不构成收益保证。

在某个交易日里，老王颤抖着手点击"卖出"按钮。屏幕上，这只即将被卖出的股票股价正在经历着剧烈的波动，老王的账户在三天内从盈利 23 万元变成亏损 38 万元。在这场大波动中，像老王这样跟风冲进市场的普通投资者，大部分亏损离场。

戏剧性的是，在同一时间，量化交易员却通过提前设置好的波动率策略，在股票股价突破时自动止盈，并因此锁定了高额收益。

这两个截然不同的投资结局，揭示了传统交易与量化思维的本质差异：当老王还在看着股评热血沸腾时，量化交易员的程序已经完成上百次历史回测，并精准计算出股票波动率突破历史极值的概率。

这个平行故事，正体现了量化交易核心法则——用科学流程将投资灵感转化为稳定收益。

本章中，我们将近距离感受这套造就无数投资奇迹的量化流程，从 PTrade 平台的功能解密，到贵州茅台单均线策略实战，体验如何将模糊的投资直觉转化为精准的算法指令。

第3章 从灵感到变现：量化交易的三阶进化论

3.1 走向量化交易：核心三步走

量化交易的核心流程可分为三步："投资思想""交易规则"和"电脑验证"。

详细来讲，量化交易需要先找出投资思想，再将投资思想转换为交易规则，最后再去执行这个交易规则，而这个执行者就是精准可靠的计算机。

量化投资
投资思想
↓
交易规则
↓
电脑验证

在讲述"电脑验证"时，我们还需理解一个新的概念，那就是"回测"。

还是以"老王炒股"的案例展开说明。在这个案例中，在"电脑执行"这个步骤后，量化交易就完成了吗？显然不是，还有"验证"这个重要步骤没有执行。在投入真金白银之前，我们还需要验证投资思想的胜率。如果胜率太低，那就不是自动化交易而是自动化亏钱了。所以，我们在进行量化交易实盘操作前，一定要先验证投资思想的可行性。

那么，要如何验证投资思想的可行性呢？其实，在量化交易中有一套具体的流程来验证投资思想，即从回测、模拟到实盘。

量化投资验证流程

- **回测** 历史数据 + 模拟资金
- **模拟** 实时数据 + 模拟资金
- **实盘** 实时数据 + 真实资金

所谓回测，就是用历史真实数据与虚拟资金，来测试交易规则在过去的胜率表现。具体来说，回测就像是一面历史的镜子，它用过去 10 年的市场数据，模拟你的交易规则能否经得住时间考验。系统会将策略代入每一段历史行情，比如狂热的牛市、恐慌的熊市、迷茫的震荡市，用虚拟资金验证策略的表现，通过统计胜率、盈亏比、最大回撤等指标，客观评估策略的效果。

而模拟，就是用实时数据与虚拟资金，来验证交易规则在现在的胜率表现。当策略通过历史考验，就需在实时行情中进一步打磨。模拟交易会接入当前市场数据，用虚拟资金在真实波动中执行买卖指令。这一阶段的核心是观察策略对"市场摩擦力"的适应能力，比如订单成交延迟、突发消息冲击、流动性不足导致的滑点损耗等，通过模拟我们可以更好地观察策略运行的效果。

最后的实盘，就是用实时数据与真实资金，用已验证的交易规则自动化操作。实盘是策略验证的终极阶段。真实资金的投入会带来心理层面的挑战：当策略连续亏损时，能否坚持既定规则？当市场剧烈波动时，能否抵御手动干预的冲动。

以上就是从回测、模拟到实盘的量化投资验证全流程。那么，我们要在哪里进行实操？是否有平台集合回测、模拟、实盘三大功能于一体，帮助我们验证投资思想呢？有的！它就是专业量化交易软件——PTrade。

3.2 PTrade 深度解密：机构级量化工具

PTrade 是很多专业投资者都在使用的量化交易软件，比如上海高毅资产管理合伙企业、上海宽投资产管理有限公司、宁波金戈量锐资产管理有限公司等私募基金管理人。

PTrade 具有以下三大优势：

（1）数据信息精准全面。

相对于市面上一些数据延后的量化交易系统，PTrade 可以实时获取 K 线的分时走势，而且像 MACD、VR、DMA 这些技术指标都能够可视化展示。

除此之外，PTrade 还拥有秒级成交明细、分价表实时查询这些专业软件才有的功能，并且随时更新财经要闻、市场指数、发行融资等信息。投资需要用到的指标信息都可以在 PTrade 找到。用一句通俗易懂的话概括 PTrade，"炒股软件有的它都有，炒股软件没有的它也有"。

（2）回测模拟功能完备。

市面上大部分的量化平台都只支持股票业务，而 PTrade 支持股票、融资融券、期货、期权等多项业务。

除此之外，PTrade 还全面覆盖各类关键指标，如收益率、夏普比率、盈亏比、胜率等。此外，PTrade 可以进行回测记录和多项对比，快速比较同一策略、不同参数优化结果，从而高效筛选出结果更好的策略。

（3）可自动化实盘交易。

在实盘方面，PTrade 是国内少有的可直接与券商对接并进行实盘自动化交易的量化平台。交易过程中，PTrade 可以在策略执行过程中实时盯盘，并在找到满足交易条件的股票后自动下单。目前，PTrade 分为体验版和软件版。在第 3 章到第 11 章的学习中，我们会先使用更容易上手、专为零基础使用者研发的 PTrade 体验版；在第 12 章到第 15 章中，我们会使用到 PTrade 专业版。

3.3 PTrade 体验版全息解剖：散户友好的量化操作台

本节将对 PTrade 体验版进行具体讲解。

PTrade 体验版主要由两个功能区构成，分别是"策略编写区"和"回测结果区"。

3.31、策略编写区

策略编写区由两个功能模块组成，分别是"代码写作模块"和"回测条件设置模块"。

（1）代码写作模块：顾名思义就是用来编写策略代码的模块。目前 PTrade 体验版已内置几个策略，若想要上手尝试，只需在该模块修改策略中的关键指标和操作对象即可。

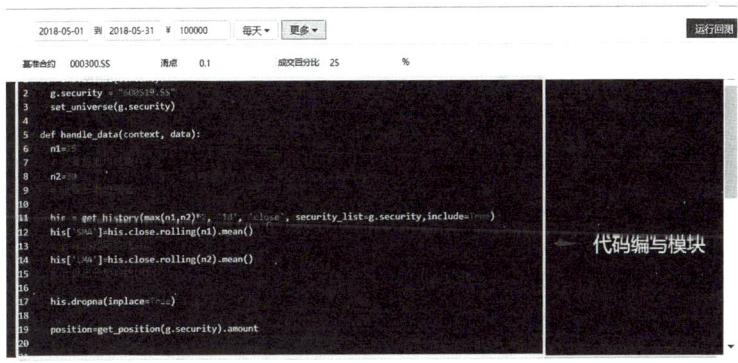

（2）回测条件设置模块：是用来设置回测条件的地方。在该模块，你可以设置回测的一些重要指标，包括交易的具体时间段、资金量（如"¥100 000"意味着向股市投入 10 万元）、回测频率（分为每日、每分钟）等。

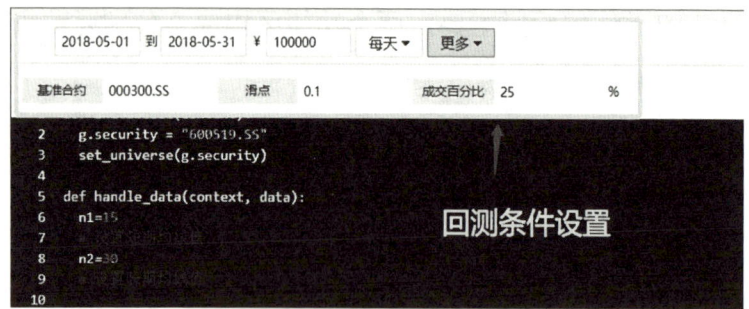

3.32、回测结果区

回测结果区也分为两个模块，即"回测指标"和"回测结果图"。

（1）回测指标：回测结果指标有很多，但在实际分析回测指标时，最常用的是"策略总收益"和"最大回撤"。我们先来了解这两个指标。策略总收益，是对所选股票和策略进行回测时，回测周期内交易的总盈亏，该指标可以用来评估策略的盈利能力。最大回撤，指的是策略在整个运行期间可能发生的最大亏损幅度，该指标越大代表策略可能出现的风险越高。

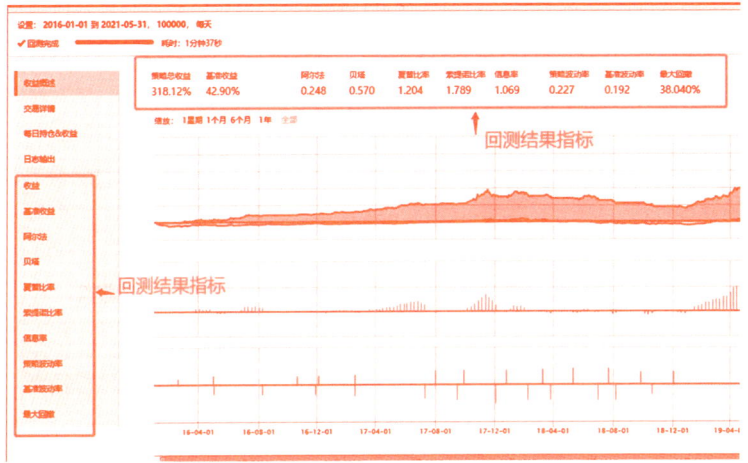

（2）回测结果图：该模块有以下三部分需要重点关注。

第一部分为累计的策略收益和基准收益。我们主要看蓝色曲线曲线，它表示收益净值。曲线上涨表示策略已实现盈利，上涨趋势越陡，说明盈利越迅速；下跌则相反。

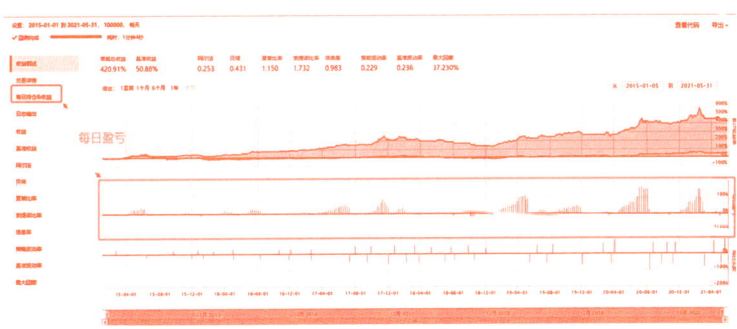

第二部分为每日盈亏。线条向上代表盈利，线越长

代表当日收益越高；线条向下则相反。

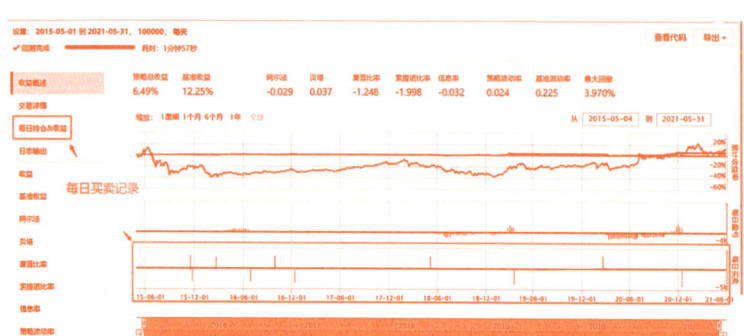

第三部分为每日买卖次数。向上的蓝色线表示当日买入，线越长代表买的越多；向下的橙色线表示当日卖出，线越长代表卖的越多；线段越多，代表交易的次数越多。

3.4 PTrade 实战体验：你也能打造超 40% 的策略

本次回测实战中，我们将使用单均线策略，对 600519 贵州茅台进行回测。

首先，打开 PTrade 体验版，在策略列表中找到"第一节实操作业——单均线策略"。

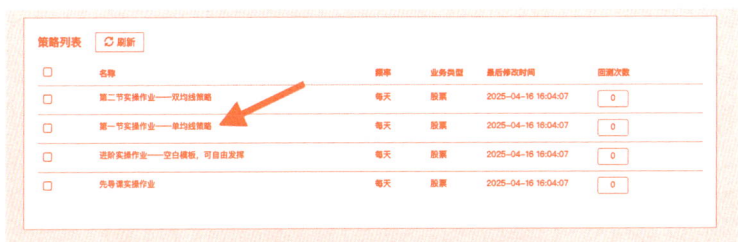

打开后,就会进入策略编写区,并显示完整的策略代码。

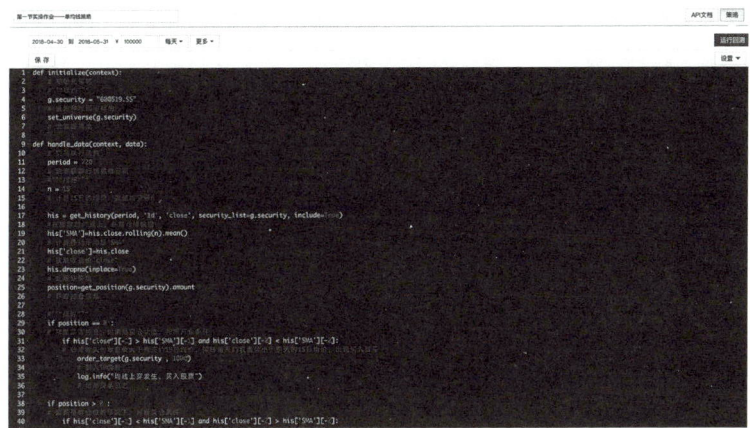

接下来,我们开始正式操作,具体分为以下四步:

第一步,选定操作对象。将股票代码位置的操作对象换成"600519",即选择贵州茅台作为本次回测的操作对象。

```
1   def initialize(context):
2       # 初始化策略
3       """标的"""
4       g.security = "600519.SS"
5       # 设定参与回测标的
6       set_universe(g.security)
7       # 设置股票池
8
9   def handle_data(context, data):
10      # 交易执行函数
11      period = 720
12      # 设定获取行情数据日期
13      """指标"""
14      n = 15
15      # 计算15日的均价,赋值给变量n
16
17      his = get_history(period, '1d', 'close', security_list=g.security, include=True)
18      # 在固定时间点上,获取行情数据
19      his['SMA']=his.close.rolling(n).mean()
20      # 计算移动平均线 SMA
21      his['close']=his.close
22      # 获取收盘价 'close'
23      his.dropna(inplace=True)
24      # 处理缺失值
25      position=get_position(g.security).amount
26      # 获取持仓信息
27
```

第二步,修改具体的策略代码。我们将均线的周期设置为 15 日,即 "n = 15"。

```
1   def initialize(context):
2       # 初始化策略
3       """标的"""
4       g.security = "600519.SS"
5       # 设定参与回测标的
6       set_universe(g.security)
7       # 设置股票池
8
9   def handle_data(context, data):
10      # 交易执行函数
11      period = 720
12      # 设定获取行情数据日期
13      """指标"""
14      n = 15
15      # 计算15日的均价,赋值给变量n
16
17      his = get_history(period, '1d', 'close', security_list=g.security, include=True)
18      # 在固定时间点上,获取行情数据
19      his['SMA']=his.close.rolling(n).mean()
20      # 计算移动平均线 SMA
21      his['close']=his.close
22      # 获取收盘价 'close'
23      his.dropna(inplace=True)
24      # 处理缺失值
25      position=get_position(g.security).amount
26      # 获取持仓信息
27
```

第三步,设置时间和资金。页面左上方为策略条件,将回测周期设置为 "2019-06-01 到 2020-06-01",资金设置为 "¥100 000"。

第四步,进行回测。保存完毕后,点击右上方的"运行回测"按钮,即可运行这个策略。

注意,运行回测后,回测结果可能需要等待一定时间。最终,我们将得到如下回测结果,让我们一起分析这个策略的效果如何吧。

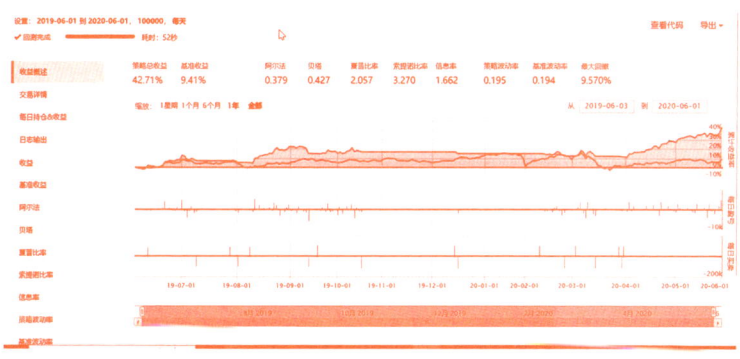

结果显示,在整个回测周期中,策略总收益为42.71%,同期沪深300指数的收益为9.41%,策略收

益远远跑赢大盘；最大回撤为9.57%，即最多可能亏损9.57%，一般情况下，最大回撤在总收益的一半一下表明策略风控较好，9.57%的最大回撤说明策略在控制风险方面还是不错的。

3.5 章节总结

本章围绕如何快速上手量化交易进行讲解，先带大家认识了回测的流程，然后介绍了PTrade以及PTrade体验版，最后在PTrade体验版中进行了实战体验。

（1）从灵感到变现：量化交易的三阶进化论。

量化交易的流程可分为三步："投资思想""交易规则"和"电脑验证"。

在"电脑验证"中，还有一个关键步骤"回测"，用于验证投资思想的胜率。在量化交易中有一套具体的流程来验证投资思想，即从回测、模拟到实盘。

（2）PTrade 深度解密：机构级量化工具。

PTrade 是很多专业投资者都在使用的量化交易软件。PTrade 具有三大优势：数据信息精准全面、回测模拟功能完备、可自动化实盘交易。

（3）PTrade 体验版全息解剖：散户友好的量化操作台。

PTrade 体验版主要由两个功能区构成，分别是"策略编写区"和"回测结果区"。

（4）PTrade 实战体验：你也能打造超 40% 的策略。

本节中，我们使用了单均线策略，对 600519 贵州茅台进行回测，来展示量化交易的具体操作流程。

第 4 章

量化交易必学的四大基础知识

股市有风险,入市需谨慎。书中提到的所有案例和收益仅作参考,主要以教学为目的,不构成收益保证。

某天，老王盯着手机里的贵州茅台 K 线图，手指悬在"买入"按钮上却迟迟不敢点击。百天以后，这位一直听消息炒股的老股民，经历了人生最"魔幻"的一个月：2 月底，他听信"白酒永远涨"的传言全仓买入舍得酒业，却在 3 月白酒板块整体回调中亏损 37%。更让他困惑的是，同一时期贵州茅台仅回调 15% 便逆势回升，自己根本看不懂走势图上跳动的均线和成交量柱状图究竟在传递什么信号。

这个案例折射出多数散户所面临的困境——当市场同时传递基本面价值与技术面信号时，缺乏对基础分析工具的理解与运用，这就像航海者出海不带指南针。

本章中，我们将了解那些被无数实战验证了的规律，运用 K 线、均线、成交量等基础工具，这就相当于获得股市的"生存急救包"。

4.1 价值与趋势的博弈：基本面分析 vs 技术面分析

当我们分析一家公司时，大多会从基本面和技术面这两大概念进行讨论。

4.11、基本面分析

基本面，是指与一家公司真实价值相关的因素，包括公司的盈利能力、财务状况、行业前景等。就像评估一个人是否健康一样，评估一家公司的基本面也需要考虑各种因素。通过分析这些因素，我们可以判断一家公司是否具有潜力增长。

下面以贵州茅台为例进行具体分析。都说贵州茅台的基本面很好，那它到底好在哪里呢？

按报告期	报告期同比	2024-12-31	2024-09-30	2024-06-30	2024-03-31	2023-12-31
资产负债表						
流动资产						
货币资金		593.0亿	600.8亿	568.4亿	742.0亿	690.7亿
拆出资金		1272亿	1227亿	1153亿	1051亿	1056亿
交易性金融资产		2.485亿	2.008亿	58.29亿	38.12亿	4.007亿
应收票据及应收账款		20.03亿	11.59亿	3.331亿	2.138亿	7431万
其中:应收票据		19.84亿	11.49亿	3.317亿	1.407亿	1393万
应收账款		1897万	1013万	135.9万	7312万	6037万
预付款项		2698万	4175万	2431万	4120万	3459万
其他应收款合计		2996万	6322万	5360万	2630万	27500万
买入返售金融资产		72.20亿	57.85亿	79.08亿	71.12亿	35.05亿
存货		543.4亿	482.2亿	477.7亿	468.5亿	464.4亿
一年内到期的非流动资产		12.11亿	1.541亿	1.529亿	--	--
其他流动资产		1.602亿	1975万	5589万	6106万	7140万
流动资产合计		2517亿	2384亿	2323亿	2374亿	2252亿

行业前景：高端白酒具有社交属性，消费需求稳定。像是在"请客吃饭总需要几瓶好酒"这类场景，贵州茅台作为高端白酒"一哥"，贵州茅台往往是消费者的第

一选择。

盈利能力：贵州茅台每卖 100 元的酒，会获得超 45 元的净利润（即净利率 45% 以上），也就是说每卖一杯就能净赚近一半的钱。

财务状况：贵州茅台账上现金常年超过千亿元，且几乎没有负债，这就像你朋友存款百万元且从不借钱。

以上这些基本面因素，就是支撑贵州茅台实现价值长期增长的关键。

4.12、技术面分析

所谓技术面，是指通过分析股票价格和交易量等市场数据来预测股票未来的走势。就像我们查看天气预报来决定是否带雨伞一样，技术面分析帮助投资者了解股票价格的趋势和波动性。具体来说，技术面分析主要使用图表、趋势线、指标等工具来识别价格模式和市场趋势。

为方便大家理解，还是以贵州茅台为例展开讲解，分析如何通过技术面来预测贵州茅台未来的走势。

假设下图为贵州茅台某一段时间的 K 线图。

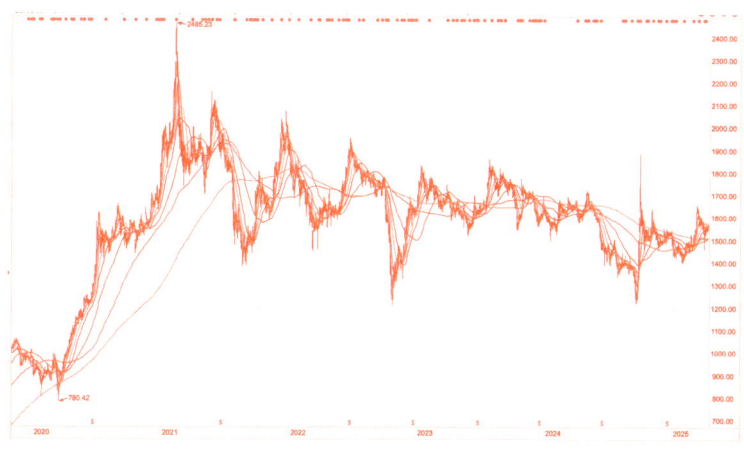

当股价连续 3 个月在 1 800 元附近波动，1 800 元区间就形成了"平台"，技术派可能认为这是新的支撑位；

如果某天贵州茅台股价突然放量突破 1 800 元（交易量是前 5 日均量的 2 倍），就像看到乌云散开出现阳光，技术派会认为上涨趋势可能延续；

但若股价跌破 1 800 元且交易量放大，这就像天气预报提示要下雨，投资者可能选择暂时观望。

以上这些通过图形和交易行为作判断的方式，就是技术面分析的核心逻辑。

4.2 洞察股价变化：K 线解读指南

K 线是用来记录一段时间内价格变化的柱状线条，

也就是大家常说的"蜡烛图",这是一种起源于日本的技术分析工具,包括以下两个核心要素:

实体部分:表示开盘价与收盘价之间的价差。若收盘价高于开盘价,称为阳线(通常为红色);反之则为阴线(通常为绿色)。

影线:上影线反映最高价与实体顶部的差距,下影线显示最低价与实体底部的差距,体现价格波动中的多空争夺。

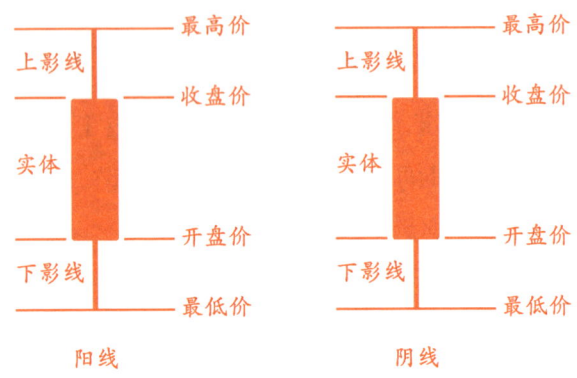

通过观察k线,即这些柱状线条的高低和形态,我们可以判断市场的走势和买卖双方的强弱。

例如,一只股票如果连续出现许多阳线,即这只股票连续多天出现收盘价高于开盘价的情况,这可能意味着股票上涨趋势强劲。

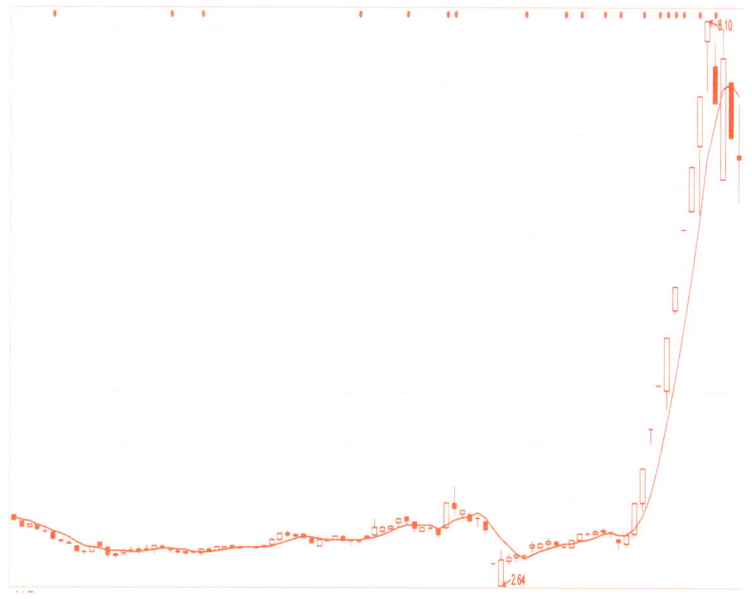

如果一只股票连续出现许多阴线,即这只股票连续多天出现收盘价低于开盘价的情况,这可能意味着股票正处于下跌趋势,且下跌趋势强劲。

分析 K 线时，可以使用单根 K 线，也可以使用多根 K 线组合。两者有一定的区别。

单根 K 线，主要看实体长短和影线长度，实体长短代表多空力量强弱，影线长度反映价格分歧程度，例如长下影线可能预示底部支撑。

多根 K 线组合，如"红三兵"（连续三根阳线）预示上涨趋势，"早晨之星"（阴线+十字星+阳线）暗示反转信号。

4.3 跟踪趋势变化：均线的实战技巧

如果说 K 线是记录每一刻价格波动的快照，那么均线就是通过平均价格帮投资者看清股价运行方向的导航。

均线全称为"移动平均线"，相当于给价格走势画出的"平滑轨道"，也就是把某段时间内的平均价格连成曲线。就像测量体温时，连续记录每天的温度值，将其连成曲线就能看出体温的变化趋势。

以贵州茅台为例计算 5 日均线。已知近 5 天贵州茅台的收盘价分别为 1 800 元、1 810 元、1 795 元、1 820 元、1 830 元，则贵州茅台的 5 日均价 =（1 800+1 810+1 795+1 820+1 830）÷5=1 811（元），而后每天向前滚动计算该数值，再将其连成曲线，就得到 5 日均线。

那么，要如何分析均线呢？分析均线时，可以使用单根均线，也可以多根均线共同使用。

4.31、单根均线

单根均线主要用于判断支撑和压力，也可以用来判断股价运行的方向。

支撑与压力：价格在均线上方运行时，均线像"地板"托着价格（支撑位）；价格跌破均线后，均线可能成为压制反弹的"天花板"（压力位）。

方向判断：均线向上延伸说明趋势向好，均线向下延伸表明趋势转弱。

例如，某股票价格始终沿着 30 日均线爬升，每次回调碰到这条线就反弹，这条均线就是明显的支撑线。当某天突然放量跌破 30 日线且均线开始拐头向下，这可能意味着趋势反转。

4.32、多根均线

多根均线主要通过交叉情况来表明趋势是否发生变化，当然也可以用来判断股价运行的方向。其交叉情况具体如下：

金叉死叉：短期均线上穿长期均线形成"黄金交叉"，预示趋势可能上涨；反之则是"死亡交叉"，预示趋势可能下跌。

多头排列：短期、中期、长期均线依次向上发散，形似打开的扇子，代表上涨趋势十分强劲。

空头排列：均线层层向下压制，说明市场进入下跌通道，且下跌趋势强劲。

例如，2020 年贵州茅台股价启动主升浪时，5 日均线先后上穿 10 日、30 日均线，形成双重金叉，随后三条均线保持 45 度角向上发散，此后贵州茅台开启了长达 1 年时间的上涨行情。

4.4 判断进场信号：成交量背后的主力意图

如果说 K 线是价格的"脸谱"，均线是趋势的"导航"，那么成交量就是市场情绪的"脉搏"。

什么是成交量？成交量是指在某段时间内买卖双方达成交易的总手数。成交量就像超市的买单量，成交量大，说明市场活跃；成交量小，说明市场冷清。

在行情软件中，通常用柱状图显示成交量，包括以下两个关键要素：

柱体高低：柱体高低可以反映成交量大小，柱子越高代表成交量越大，柱子越低代表成交量越小。

颜色区分：红色表示当天股价上涨，绿色表示当天股价下跌，这与 K 线颜色是一致的。

那么，要如何分析成交量呢？由于成交量的分析方法较多，初学阶段大家记住以下几个要点即可。

放量上涨：价格上涨伴随成交量放大，说明资金积极入场，趋势可信度高。

缩量下跌：价格下跌但成交量萎缩，可能是短期调整而非趋势反转。

天量见顶：连续暴涨后出现历史最大成交量，这是股价见顶的信号。

地量见底：长期阴跌后成交量极度萎缩，可能跌无可跌。

4.5 章节总结

本章围绕股票基础知识,分别讲解了分析、k线、均线和成交量。

(1) 价值与趋势博弈:基本面分析 vs 技术面分析。

基本面是指与一家公司真实价值相关的因素,包括公司的盈利能力、财务状况、行业前景等。而技术面是指通过分析股票价格和交易量等市场数据来预测股票未来的走势,帮助投资者了解股票价格的趋势和波动性。

(2) 洞察股价变化:K 线解读指南。

k线,简单来说就是用来记录一段时间内价格变化的柱状线条,也就是大家常说的"蜡烛图"。

(3) 跟踪趋势变化:均线的实战技巧。

均线全称为"移动平均线",它是把某段时间内的平均价格连成曲线。

(4) 判断进场信号:成交量背后的主力意图。

成交量是指在某段时间内买卖双方达成交易的总手数(1手=100股)。具体来说,成交量大,说明市场活跃;成交量小,说明市场冷清。

第 5 章

单均线实战：
判断和跟踪趋势的策略

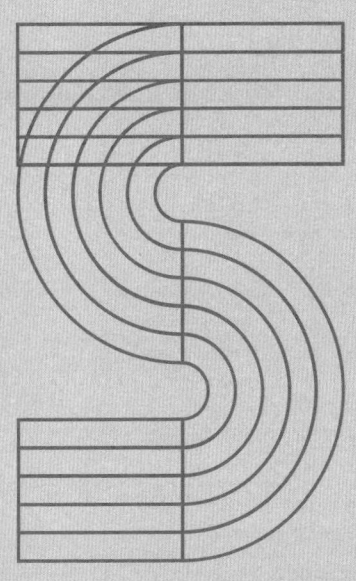

股市有风险，入市需谨慎。书中提到的所有案例和收益仅作参考，主要以教学为目的，不构成收益保证。

几年前，老王在证券营业部听到"均线金叉"的讨论后，用"土办法"在笔记本上手绘贵州茅台的 20 日均线。围绕 20 日均线，当股价收盘站上黄线就买入 100 股，跌破则全部卖出。一年后，老王的账户收益率定格在 61%，而同期跟着股评频繁操作的股友却亏损了 23%。

在这个案例中，老王的"土办法"正是单均线策略的原始形态。

当我们用 PTrade 回测这个朴素的策略时会发现一个惊人规律：2019 年至 2021 年期间，20 日均线策略在贵州茅台上可以实现远超同期沪深 300 指数的收益。这些数字揭示了一个反常识的真相：越是简单的趋势跟踪策略，越能在牛熊交替中创造稳定收益。

本章将在 PTrade 上运行这个策略，看看最终效果如何。

首先，打开 PTrade 体验版，在策略列表中找到"先导课实操作业"。

打开相应的策略，就会进入策略编写区，策略代码如下所示。

```
def initialize(context):
    g.security = "000596.SZ"
    set_universe(g.security)

def handle_data(context, data):
    period = 720
    n = 15
    his = get_history(period, '1d', 'close', security_list=g.security, include=True)
    his["SMA"]=his.close.rolling(n).mean()
    his["close"]=his.close
    his.dropna(inplace=True)
    position=get_position(g.security).amount
    if position == 0:
        if his['close'][-1] > his["SMA"][-1] and his['close'][-2] < his["SMA"][-2]:
            order_target(g.security , 1000)
            log.info("均线上穿发生，买入股票")
```

此处不需要修改策略代码，只调整时间参数即可。在页面左上方，将回测周期设置为"2020-01-01 到 2021-01-01"，资金不需要改动，还是"￥100 000"。

然后点击"保存"，再点击"运行回测"，结果很快就会出来。策略运行结果具体如下所示。

结果显示，在整个回测周期中，策略总收益率为53.69%，而沪深 300 指数的收益为 27.21%，该策略远

远跑赢大盘，收益比较可观。

怎么样？虽说单均线策略是最简单、最入门的策略，但其收益还是非常不错的。而且，这还远远没有结束！针对这个策略，我们只需要进行一个小改动，策略效果还能有大幅度提升！至于如何改动，本章后面会进行具体讲解。

5.1 "投资思想"策略构建的底层逻辑

要掌握好单均线策略，需要先了解单均线策略的理论，即这个策略是怎么构思出来的。

其实，单均线策略并不难，它主要是通过股票的收盘价跟均线的交叉情况来操作，我们可以将一只股票的每天收盘价连成线，它就是"收盘线"。

如果收盘线上穿均线（例如 5 日线），这里就形成了金叉，我们可以买入；

如果收盘线下穿均线（例如 5 日线），这里就形成了死叉，我们可以卖出；

如果收盘线一直在均线（例如 5 日线）上方，均线就会呈向上延伸的趋势，多头趋势我们就一直以持有为主；

如果收盘线一直在均线（例如 5 日线）下方，均线就会呈向下延伸的趋势，空头趋势我们就一直空仓不操作。

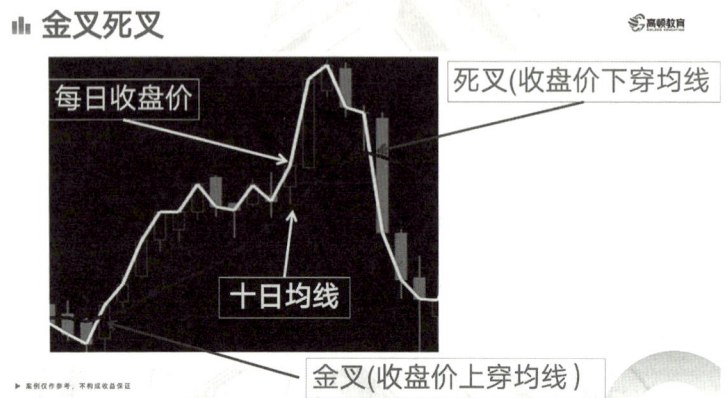

简言之,单均线策略的核心思想是根据趋势来操作,即"追涨杀跌",也可以理解为买涨不买跌,这在趋势行情中是比较实用的。

5.2 "交易规则"四步快速构建交易系统

其实,搭建单均线策略很简单,无非就是通过"收盘线"和均线的交叉情况来构建策略,这在上文"投资思想"中已经讲过,这里就不再累赘。

将单均线策略转化为电脑可运行的代码,具体如下所示。

```python
def initialize(context):
# 初始化策略
    #"""标的"""
    g.security = "600519.SS"
    # 设定参与回测标的
    set_universe(g.security)
    # 设置股票池


def handle_data(context, data):
    # 交易执行函数
    period = 720
    # 设定获取行情数据日期
    #"""指标"""
    n = 15
    # 计算15日的均价，赋值给变量n


    his = get_history(period, '1d', 'close', security_list=g.security, include=True)
    #在固定时间点上，获取行情数据
    his['SMA']=his.close.rolling(n).mean()
    # 计算移动平均线'SMA'
    his['close']=his.close
    # 获取收盘价'close'
```

```
his.dropna(inplace=True)
# 处理缺失值
position=get_position(g.security).amount
# 获取持仓信息

#"""择时"""
if position == 0 :
# 判断是否持仓，如果是空仓状态，判断开仓条件
    if his['close'][-1] > his['SMA'][-1] and his['close'][-2] < his['SMA'][-2]:
        # 如果昨天的收盘价大于昨天的15日均价，同时前天的收盘价小于前天的15日均价，出现买入信号
        order_target(g.security , 1000)
        # 买入1000股
        log.info("均线上穿发生，买入股票")
        # 记录交易日志

if position > 0 :
# 如果是有仓位的情况下，判断关仓条件
    if his['close'][-1] < his['SMA'][-1] and his['close'][-2] > his['SMA'][-2]:
        # 如果昨天的收盘价小于昨天的15日均价，同时前天的收盘价大于前天的15日均价，出现卖出信号
```

```
            order_target(g.security , 0)
            # 这里做清仓的操作
            log.info("均线下穿发生，股票清仓")
            # 记录交易日志


    def control_risk(context):
        #"""风控"""
```

接下来，我们对该策略进行简单拆解，分别讲解这些代码到底在做什么。大家无须有太大的心理负担，我们的学习重点是投资而非编程，只要能读懂策略代码，简单修改代码参数即可。

（1）首先，我们来看第一部分代码，即策略的第 1 至 7 行。

```
    def initialize(context):
     # 初始化策略
        #"""标的"""
        g.security = "600519.SS"
     # 设定参与回测标的
        set_universe(g.security)
     # 设置股票池
```

上面这几行代码可以看成一个完整的板块，在编程中被称为"初始化模块"，决定了整个策略的基础框架。

这就像备菜一样——我们先确定今天要炒哪道菜（选择股票），准备好需要的锅和食材（设置股票池和参数）。

第 4 行"g.security = "000596.SZ""，就是我们要选择 000596 这只股票作为操作的对象。

第 6 行"set_universe(g.security)"是用来设置股票池的，因为我们已经将 000596 这只股票设置为操作对象，所以股票池就是 000596 这只股票了。

注意，策略中有很多中文，这些中文并非代码，而是注释。准确来说，前面有一个"#"的就是注释了。

（2）接下来看第二部分代码

```
def handle_data(context, data):
    # 交易执行函数
    period = 720
    # 设定获取行情数据日期
    #"""指标"""
    n = 15
    # 计算15日的均价，赋值给变量n
```

```python
his = get_history(period, '1d', 'close', security_list=g.security, include=True)
#在固定时间点上，获取行情数据
his['SMA']=his.close.rolling(n).mean()
# 计算移动平均线'SMA'
his['close']=his.close
# 获取收盘价'close'
his.dropna(inplace=True)
# 处理缺失值
position=get_position(g.security).amount
# 获取持仓信息

#"""择时"""
if position == 0 :
# 判断是否持仓，如果是空仓状态，判断开仓条件
    if his['close'][-1] > his['SMA'][-1] and his['close'][-2] < his['SMA'][-2]:
    # 如果昨天的收盘价大于昨天的15日均价，同时前天的收盘价小于前天的15日均价，出现买入信号
        order_target(g.security , 1000)
        # 买入1000股
        log.info("均线上穿发生，买入股票")
        # 记录交易日志
```

```
if position > 0 :
# 如果是有仓位的情况下，判断关仓条件
    if his['close'][-1] < his['SMA'][-1] and his['close'][-2]
> his['SMA'][-2]:
        # 如果昨天的收盘价小于昨天的15日均价，同时前
天的收盘价大于前天的15日均价，出现卖出信号
        order_target(g.security , 0)
        # 这里做清仓的操作
        log.info("均线下穿发生，股票清仓")
        # 记录交易日志
```

第二部分代码可概括为三个关键动作：看行情、做决策、"下锅"操作。由于这部分内容较多，我们继续拆分一下。

①先来看下面这部分代码，它是策略的数据模块，相当于每天去菜市场抄价格，我们需要先获取价格数据才能进行后续操作。具体来说，策略会获取过去720天的收盘价（get_history），然后算出15天的平均价（SMA），这就像记下土豆最近15天的均价。最后dropna这一步是去掉不完整的数据，类似把发霉的土豆挑出去，以保证计算用的都是"新鲜"价格。

```
def handle_data(context, data):
    # 交易执行函数
    period = 720
    # 设定获取行情数据日期
    #"""指标"""
    n = 15
    # 计算15日的均价，赋值给变量n

    his = get_history(period, '1d', 'close', security_list=g.security, include=True)
    #在固定时间点上，获取行情数据
    his['SMA']=his.close.rolling(n).mean()
    # 计算移动平均线'SMA'
    his['close']=his.close
    # 获取收盘价'close'
    his.dropna(inplace=True)
    # 处理缺失值
    position=get_position(g.security).amount
    # 获取持仓信息
```

②接下来再看下面这部分代码，它是策略的信号模块，就像厨师盯着火候，代码会检查以下两个条件：

先判断是否有持仓：如果当前没有持仓（position

== 0），才会进行操作；如果有持仓，就不进行操作。

再判断昨天收盘价是否刚涨破均线（即上面提到的金叉）：如果是，就会触发"买"信号，从而买入股票。

后面的 order_target 就是执行买卖操作，符合上面两个要求时就会买入 000596 这只股票，买入的股数为 1 000 股，最后再将这笔交易记录下来。

```
#"""择时"""
if position == 0 :
# 判断是否持仓，如果是空仓状态，判断开仓条件
    if his['close'][-1] > his['SMA'][-1] and his['close'][-2] < his['SMA'][-2]:
        # 如果昨天的收盘价大于昨天的15日均价，同时前天的收盘价小于前天的15日均价，出现买入信号
        order_target(g.security , 1000)
        # 买入1000股
        log.info("均线上穿发生，买入股票")
        # 记录交易日志
```

③最后再来看下面这部分代码，它也是策略的信号模块。

需要注意的是，这部分代码与上面（2）的代码不同，上面代码是判断要不要买入股票，这里是判断要不要卖

出股票。这里代码也会判断两个条件：

先判断是否有持仓：如果有持仓（position > 0），才会进行操作；如果没有持仓，就不进行操作。

再判断昨天的收盘价是否跌破了均线（即上面提到的死叉）：如果是，就触发"卖"信号，从而卖出股票。

后面的 order_target 就是执行买卖操作，符合上面两个要求时就会卖出 000596 这只股票，然后卖出到 0 股为止（即清仓了），最后再将这笔交易记录下来。

```
if position > 0 :
# 如果是有仓位的情况下，判断关仓条件
    if his['close'][-1] < his['SMA'][-1] and his['close'][-2] > his['SMA'][-2]:
        # 如果昨天的收盘价小于昨天的15日均价，同时前天的收盘价大于前天的15日均价，出现卖出信号
        order_target(g.security , 0)
        # 这里做清仓的操作
        log.info("均线下穿发生，股票清仓")
        # 记录交易日志
```

（3）最后还有两句代码，主要是为了保证策略的运行。

```
def control_risk(context):
    #"""风控"""
```

以上就是整个策略的完整讲解。如果觉得有点复杂也是很正常的，只要接触多了，最终达到读懂代码的水平其实并非难事。

总的来说，这个策略依据单均线策略的核心操作点来构建，分为以下四步：

第一步，确定要操作的股票。这里我们将000596这只股票设置为操作对象，注意这里的股票是可替换的。

第二步，获取过去720天的收盘价数据，然后算出15天的平均价。注意这里的15也是可替换的，如果改成10，就是用10天均线操作。

第三步，根据单均线策略的核心操作点，先判断有没有持仓，再判断有没有出现金叉；如果没有持仓，然后要操作的个股又出现了金叉，那就买入股票。

第四步，根据单均线策略的核心操作点，先判断有没有持仓，再判断有没有出现死叉；如果有持仓，然后要操作的个股又出现了死叉，那就直接清仓。

需要提醒的是，大家在进行量化交易时不需要自行编写代码，只要能读懂代码、知道如何调参数（例如选择股票、均线周期）即可。

5.3 "电脑验证"策略效果监测和反馈

由于在一开始已进行过一次回测,这里我们对策略进行简单调整,将操作对象由"000596.SZ"古井贡酒改为"600809.SS"山西汾酒,回测时间、回测金额、回测频率等都不需要改变。

```
def initialize(context):


    g.security = "600809.SS"

    set_universe(g.security)


def handle_data(context, data):

    period = 720


    n = 15
```

接下来点击左上方的"保存",再点击右上方的"运行回测"开始回测。策略运行结果具体如下所示。

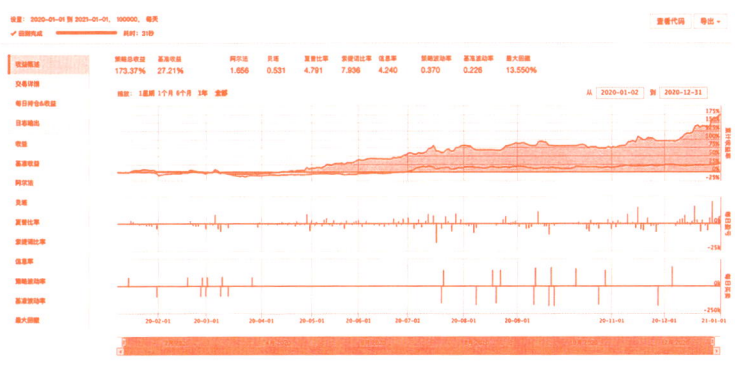

结果显示，在整个回测周期中，策略总收益为173.37%，而同期沪深300指数的收益为27.21%，策略远远跑赢大盘，并且相较于使用"000596.SZ"，调整后策略的收益明显提升。同时，最大回撤率为13.55%，只有总收益的不到十分之一，表现非常不错。显然，在调整了操作对象后，整个策略有了质的飞跃。

5.4 章节总结

本章围绕"单均线策略"这个主题，对该策略进行实操，并分别讲解"投资思想""交易规则"和"电脑验证"。

(1)"投资思想"策略构建的底层逻辑。

均线策略有以下四点核心内容：

如果收盘线上穿均线（例如5日线），这里就形成了金叉，我们可以买入；

如果收盘线下穿均线（例如5日线），这里就形成了死叉，我们可以卖出；

如果收盘线一直在均线（例如5日线）上方，均线就会呈向上延伸的趋势，多头趋势我们就一直以持有为主；

如果收盘线一直在均线（例如5日线）下方，均线就会呈向下延伸的趋势，空头趋势我们就一直空仓不操作。

（2）"交易规则"四步快速构建交易系统。

该策略依据单均线策略的核心操作点来构建，分为以下四步：

第一步，确定要操作的股票000596（可替换）。

第二步，获取过去720天的收盘价数据，然后算出15天（可替换）的平均价。

第三步，根据单均线策略的核心操作点，先判断有没有持仓，再判断有没有出现金叉；如果没有持仓，然后要操作的个股又出现了金叉，那就买入股票。

第四步，根据单均线策略的核心操作点，先判断有没有持仓，再判断有没有出现死叉；如果有持仓，然后要操作的个股又出现了死叉，那就直接清仓。

（3）"电脑验证"策略效果监测和反馈。

再次对单均线策略进行回测，这里把操作对象"000596.SZ"古井贡酒改为"600809.SS"山西汾酒，策略的收益明显提升。

第 6 章

双均线实战：
捕捉趋势转折的信号

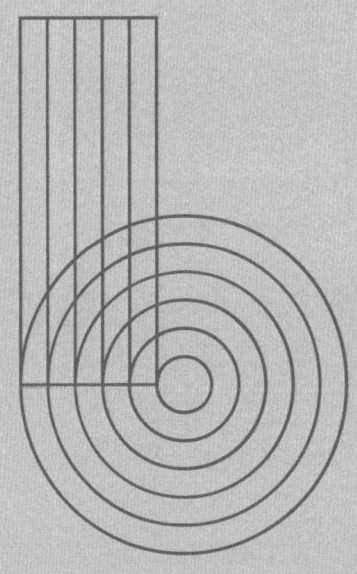

股市有风险，入市需谨慎。书中提到的所有案例和收益仅作参考，主要以教学为目的，不构成收益保证。

刚接触股票时,老王在券商营业部听到"均线死叉"的术语后,用软件给中国平安设置了 5 日和 10 日均线。当 5 日线下穿 10 日线时清仓,上穿时满仓。这个简单的双均线策略,让老王在 2019 年蓝筹股行情中捕获 83% 收益,而坚持"价值投资"坚守的股友同期收益还不到 30%。更关键的是,当市场因为突发情况大跌时,老王的策略自动触发卖出信号,成功规避了超 20% 的回撤。

数据显示,2015 至 2023 年,双均线策略在沪深 300 成分股上的年化收益超过 20%,最大回撤较单均线策略降低超 30%。尤其在震荡行情中,双均线的过滤机制能减少 40% 的无效交易。

那么,双均线策略为何能有如此威力?本章将为大家揭晓趋势跟踪进阶法则。

6.1 "投资思想"策略构建的底层逻辑

双均线策略与单均线策略的相似度非常高。

简单回顾单均线策略，即以股票的"收盘线"和单根均线的交叉情况来进行买卖操作。这里的"收盘线"可以理解为"1日线"，因为收盘线是基于每天的收盘价绘制而成的，它记录每天股价的变化。换而言之，单均线策略也可以看成最简单的双均线策略，即用"1日线"跟均线（如5日线）组成的双均线策略。

而常规的双均线策略，就是将"1日线"改为传统均线。例如，我们可以将"1日线"改为3日线，另一根均线还是5日线，这里的双均线策略就是用3日线和5日线的交叉情况来决定买入和卖出。

总结一下，双均线策略的理论核心是根据两条均线的交叉情况来执行买卖操作（例如按照5日线和10线来操作），具体分为以下四点：

如果5日线上穿10日线，这里就形成了金叉，我们可以买入；

如果5日线下穿10日线，这里就形成了死叉，我们可以卖出；

如果5日线一直在10日线上方，均线就会呈向上延伸的趋势，多头趋势我们就一直以持有为主；

如果 5 日线一直在 10 日线下方，均线就会呈向下延伸的趋势，空头趋势我们就一直空仓不操作。

在使用时，双均线策略也是根据趋势来操作，适用于趋势行情之中。

6.2 "交易规则"四步快速构建交易系统

双均线策略，就是在单均线策略的基础上，把"收盘线"改为常规的均线，然后通过均线和均线的交叉情况来构建策略。

本节将对双均线策略的代码进行具体解读。打开 PTrade 体验版，在策略列表中找到"第二节实操作业——双均线策略"，打开后就能看到双均线策略的代码，具体如下所示。

```
def initialize(context):
    # 初始化此策略
    # 设置我们要操作的股票池,这里我们只操作一支股票
    # """标的"""
    g.security = '601318.SS'
    set_universe(g.security)
```

```
#当五日均线高于十日均线时买入，当五日均线低于十日
均线时卖出
def handle_data(context, data):
    security = g.security

    #得到二十日历史价格
    df = get_history(20, '1d', 'close', security, fq=None, include=False)
    #"""指标"""
    # 得到五日均线价格
    ma5 = round(df['close'][-5:].mean(), 3)
    ma5_prev = round(df['close'][-6:-1].mean(), 3)
    # 得到十日均线价格
    ma10 = round(df['close'][-10:].mean(), 3)
    ma10_prev = round(df['close'][-11:-1].mean(), 3)
    # 取得昨天收盘价
    price = data[security]['close']

    # 得到当前资金余额
    cash = context.portfolio.cash

    #"""择时"""
    # 如果当前有余额，并且五日均线大于十日均线
```

```
    if ma5 > ma10 and ma5_prev < ma10_prev:
        # 用所有 cash 买入股票
        order_value(security, cash)
        # 记录这次买入
        log.info("Buying %s" % (security))

    # 如果五日均线小于十日均线,并且目前有头寸
    elif ma5 < ma10 and ma5_prev > ma10_prev :
        # 全部卖出
        order_target(security, 0)
        # 记录这次卖出
        log.info("Selling %s" % (security))

def control_risk(context):
    #"""风控"""
    pass
```

接下来,对双均线策略代码进行拆分讲解。

(1)先看第一部分代码,即策略的第 1 至 6 行。

```
def initialize(context):
    # 初始化此策略
    # 设置我们要操作的股票池,这里我们只操作一支股票
```

```
# """标的"""
g.security = '601318.SS'
set_universe(g.security)
```

这几行代码与单均线策略的代码是一样的,是"初始化模块",决定整个策略的基础框架。

第 5 行"g.security = "601318.SS"",就是选择 601318 这只股票作为操作对象。

第 6 行"set_universe(g.security)"是用来设置股票池的,这里我们已经将 601318 这只股票设置为操作对象,所以股票池就是 601318 这只股票了。

(2)再看第二部分代码,即策略的第 8 至 25 行。

```
#当五日均线高于十日均线时买入,当五日均线低于十日均线时卖出
def handle_data(context, data):
    security = g.security

    #得到二十日历史价格
    df = get_history(20, '1d', 'close', security, fq=None, include=False)
    #"""指标"""
```

```
# 得到五日均线价格
ma5 = round(df['close'][-5:].mean(), 3)
ma5_prev = round(df['close'][-6:-1].mean(), 3)
# 得到十日均线价格
ma10 = round(df['close'][-10:].mean(), 3)
ma10_prev = round(df['close'][-11:-1].mean(), 3)
# 取得昨天收盘价
price = data[security]['close']

# 得到当前资金余额
cash = context.portfolio.cash
```

这部分代码是策略的数据模块,可类比为做菜前要完成的三个基础动作:查看食材价格、计算平均成本、清点钱包余额。

下面对第二部分代码进行分步讲解。

①先看数据准备部分(策略第8至13行)。

```
#当五日均线高于十日均线时买入,当五日均线低于十日均线时卖出
def handle_data(context, data):
    security = g.security
```

```
#得到二十日历史价格
 df = get_history(20, '1d', 'close', security, fq=None,
include=False)
```

此处用 get_history 获取股票最近 20 天的收盘价，这就像每天记录菜市场土豆价格的小本子。需要说明的是，股票操作中股票的价格有"前复权""后复权""不复权"三种选择。此处选择了不复权的价格（fq=None），这就像记录土豆的原始批发价，不考虑超市分装带来的价格调整。

②再看指标计算部分（策略第 15 至 20 行）。这里代码虽然看起来有点多，但其实它只是在做两件事：在获取数据之后，计算出 5 日线和 10 日线。

```
# 得到五日均线价格
ma5 = round(df['close'][-5:].mean(), 3)
ma5_prev = round(df['close'][-6:-1].mean(), 3)
# 得到十日均线价格
ma10 = round(df['close'][-10:].mean(), 3)
ma10_prev = round(df['close'][-11:-1].mean(), 3)
```

注意，这里所有价格均四舍五入保留 3 位小数

(round），以方便后续计算。

③最后来看实时数据部分（策略第 21 至 25 行）。

```
# 取得昨天收盘价
price = data[security]['close']

# 得到当前资金余额
cash = context.portfolio.cash
```

这里同样也是两个操作：

获取昨日收盘价，就像查看早上菜市场开门价；

获取目前的资金余额，以为后面的买入操作做准备。

以上就是第二部分代码的完整介绍了。我们不需要读懂每一句代码，只需要清晰知道策略到底在做什么即可。总结来说，这部分代码就是在获取数据、处理数据，把数据准备好以推进下一步骤。

（3）接下来是第三部分，即策略的第 27 至 40 行。注意这里的代码与单均线的有较大区别。

```
#"""择时"""
    # 如果当前有余额，并且五日均线大于十日均线
    if ma5 > ma10 and ma5_prev < ma10_prev:
```

```
# 用所有 cash 买入股票
order_value(security, cash)
# 记录这次买入
log.info("Buying %s" % (security))


# 如果五日均线小于十日均线,并且目前有头寸
elif ma5 < ma10 and ma5_prev > ma10_prev :
    # 全部卖出
    order_target(security, 0)
    # 记录这次卖出
    log.info("Selling %s" % (security))
```

第三部分代码分为买入和卖出两部分。

①买入部分,即策略的第 27 至 33 行,这里设置了"当同时满足以下两个条件时触发买入"。

前 5 日均价 >10 日均价(ma5 > ma10)

前一日 5 日均价 <10 日均价(ma5_prev < ma10_prev)

当以上两个条件同时满足,就是"金叉"出现,这意味着短期价格趋势开始强于长期趋势,此时会用账户全部资金买入股票(order_value),然后记录买入日志(log.info),方便后续跟踪。

②卖出部分，即策略的第 35 至 40 行，这里是设置了"当同时满足以下两个条件时触发卖出"。

前 5 日均价 <10 日均价（ma5 < ma10）

前一日 5 日均价 >10 日均价（ma5_prev > ma10_prev）

当以上两个条件同时满足，就是"死叉"出现，这表示短期趋势开始走弱，此时会清空该股票所有持仓（order_target 设为 0），然后记录买入日志（log.info），方便后续跟踪。

（4）最后还有两句代码，主要是为了保证策略的运行。

```
def control_risk(context):
    #"""风控"""
    pass
```

综上所述，双均线策略围绕其核心操作点来构建，分为以下三步：

第一步，确定要操作的股票。这里我们将 601318 这只股票设置为操作对象，注意该股票是可替换的。

第二步，获取过去 20 天的数据，然后计算出 5 日/10 日均价，同时算出前 5 天的均价。

第三步，根据计算出来的5日/10日均价以及前5天的均价，来进行买卖操作。

6.3 "电脑验证"策略效果监测和反馈

由于我们已经打开了策略代码，接下来直接在策略上操作即可。

现有的策略可直接拿来使用，我们只需要调整参数，设置回测周期为"2017-04-01 到 2018-01-01"，资金不需要改变，还是"¥100 000"。

然后点击"保存"，再点击"运行回测"，结果很快就会出来。策略运行结果具体如下所示。

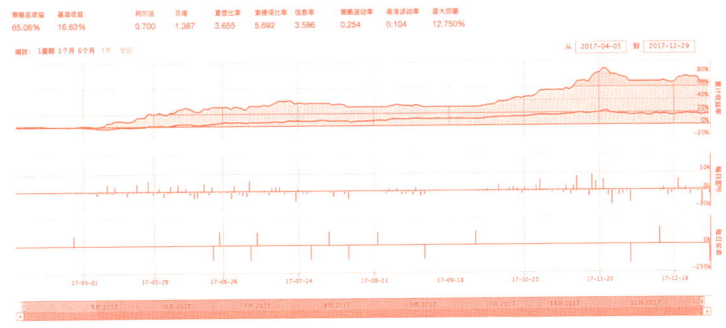

结果显示，在整个回测周期中，策略总收益为65.06%，而同期基准收益（沪深300指数的收益）为16.63%，策略远远跑赢大盘。并且，最大回撤率为12.75%，只有总收益的五分之一左右。由此可见，双均线策略的效果非常不错。

6.4 章节总结

本章围绕"双均线策略"这个主题，按照"投资思想""交易规则"和"电脑验证"来讲解。

（1）"投资思想"策略构建的底层逻辑。

双均线策略的理论核心也是根据两条均线的交叉情况来执行买卖操作，例如按照5日线和10线来操作，分为以下四步：

如果5日线上穿10日线，这里就形成了金叉，我们可以买入；

如果5日线下穿10日线，这里就形成了死叉，我们可以卖出；

如果5日线一直在10日线上方，均线就会呈向上延伸的趋势，多头趋势我们就一直以持有为主；

如果 5 日线一直在 10 日线下方，均线就会呈向下延伸的趋势，空头趋势我们就一直空仓不操作。

(2) "交易规则"四步快速构建交易系统。

本节对双均线策略进行拆解，分为以下三步：第一步是初始化阶段，第二步是数据准备部分，第三步是根据数据进行买卖操作。

(3) "电脑验证"策略效果监测和反馈。

本节对双均线策略进行回测，将 601318 这只股票作为操作对象，回测周期为 2017 年 4 月 1 日至 2018 年 1 月 1 日，策略总收益为 65.06%，该策略表现相当不错。

第 7 章

一阳穿三线实战：捕捉强势启动点的量化策略

股市有风险，入市需谨慎。书中提到的所有案例和收益仅作参考，主要以教学为目的，不构成收益保证。

某个深夜，老王正在复盘当天错过某只牛股的走势。三天前那根突兀的长阳线像柄利剑，一气贯穿了 5 日、10 日、20 日三条均线，当日成交量更是往常的三倍有余。"这不就是人们常说的穿线信号吗？"老王懊恼地捶了下桌子。果然，之后三个交易日股价连续放量攀升，累计涨幅达 28%。类似的场景他并不陌生：去年某只牛股在启动前也出现过这种"阳线破三关"的形态，当时他以为是偶然，现在看来其中确有规律可循。

实际上，这种"阳线破三关"的形态又被称为"一阳穿三线"，这种形态正成为越来越多职业交易者的"秘密武器"。

当某日阳线实体同时突破三条关键均线，配合成交量明显放大，这往往预示着主力资金的强势介入，就像被压紧的弹簧会突然释放能量，股价随后常会展开一段凌厉攻势。

而人工盯盘总有局限——A 股 5 000 多只股票，单靠肉眼筛选犹如大海捞针。这正是一阳穿三线量化策略的价值所在：通过设定 5 日、10 日、20 日均线组合，配合量能监测模块，程序能在收盘后自动扫描全市场，将符合条件的标的纳入股票池。次日开盘即可按既定策略进场，配合自动止盈止损机制，让普通投资者也能系统性地捕捉这类技术形态带来的超额收益。

本章将深度解析这个融合技术分析与量化交易的经典策略，从形态识别的底层逻辑，到策略参数的优化设置，最后通过实盘回测验证其有效性。

第 7 章 一阳穿三线实战：捕捉强势启动点的量化策略

7.1 "投资思想"策略构建的底层逻辑

一阳穿三线是一种常见的 K 线形态，简单来说就是某天出现了一根阳线，这根阳线的实体部分同时向上穿过三条不同周期的均线，比如 5 日均线、10 日均线和 20 日均线。如下图所示，一根阳线穿过了三根均线，即"一阳穿三线"技术形态。

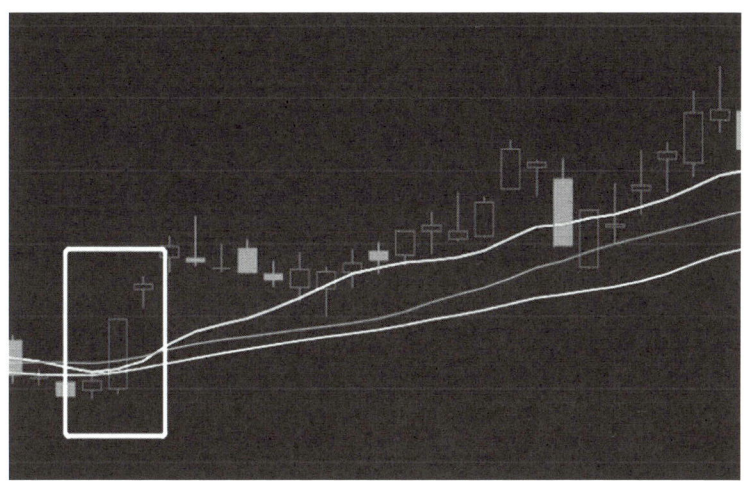

需要注意，在个股出现一阳穿三线的技术形态后，我们还需关注成交量的情况，重点看成交量是否有放大；换言之，出现一阳穿三线技术形态后，成交量同时放大，这样出现这一形态后股价继续上涨的概率才会比较高。

在各种 k 线技术形态之中，一阳穿三线是强烈的看涨信号，一般个股出现一阳穿三线之后，在大盘没有突发情况下，后市个股上涨的概率比较大。

那么，为什么这种形态会被视为涨信号呢？主要有以下两个原因：

第一，这代表着突破均线压力。均线代表不同周期内投资者的平均成本，而一根阳线同时突破了三条均线，这说明短期、中期、长期的持有者都在获利，抛压减少。

第二，这代表着资金入场信号。当个股出现一阳穿三线后，通常这种形态会伴随成交量放大，这说明有大量资金推动股价上涨。

在熟悉了这个技术形态之后，我们回到量化交易上，以一阳穿三线为核心打造的策略其实非常简单，其核心逻辑是，当某只股票出现一阳穿三线形态时，程序自动买入；达到预设条件时，程序自动卖出。

7.2 "交易规则"快速构建交易系统

本节开始搭建一阳穿三线策略，其交易规则如下：

我们需要量化的指标是均线和成交量；操作对象是整个A股的股票（也可用沪深300指数或其他指数），然后从所有股票中选出出现了一阳穿三线的股票。

至于买入规则方面，在收盘后，当我们定好的股票池中出现了"一阳穿三线"的信号，第二天就买入这只股票；而对于卖出规则，我们没有进行设定，因为一阳穿三线是一个买入信号而非卖出信号，这里只能暂时以止盈止损作为卖出的判断依据，例如盈利达到 30% 就卖出，亏损了 15% 就卖出。

理清交易规则之后，我们只需要将其转换为电脑可运行的代码即可，以下是策略代码的部分展示。

```
'''
策略名称：
一阳穿三线策略
'''

def initialize(context):
    #用户可修改参数
    g.sec_code = "000300.SS"#"000028.XBHS" # 股票池(必须填入指数股票池) 默认：成长180指数
    g.rebalance = False # 自动每日再平衡资金
    g.reblance_ratio = 0.96 # 1：表示取资金账户的所有资金；0.5：表示取资金账户的一半资金
    g.trade_amount = 20000 # 每只股票固定买入10万，与g.rebalance冲突，若要设定该选项，则将g.rebalance设置为False
    g.config = {
```

```
            'event_time': '9:35',    # 触发时间  可设置范围是
09:31--11:29, 13:00--14:59
        'short':5,          #短期均线
        'mid':10,           #中期均线
        'long':20,          #长期均线
        '持仓股票个数':1,
        '止损':-0.02,
        '止盈':0.05


    }

    run_daily(context, daily_event, time=g.config['event_time'])  #设置触发时间

    log.info('日线一阳穿三线策略')
    log.info('')
    log.info('设置成功')
    log.info('交易触发时间: {}'.format(g.config['event_time']))


def before_trading_start(context, data):
```

```python
# 昨日持仓股票
g.yst_hold = [v.sid for s, v in get_positions().items()]
# 获取沪深300股票池股票
today_stocks = sorted(get_index_stocks(g.sec_code))
index_his = get_history(count=100, frequency='1d', field=['close'], security_list=g.sec_code, fq='post', include=False)
index_cond = index_his["close"].iloc[-3:].mean() >index_his["close"].iloc[-10:].mean()
today_list = sorted(today_stocks)
# log.info(today_list)
# 昨日在股票池，今日不在股票池
g.sell_list = sorted(set(g.yst_hold) - set(today_list))
# 今日股票池
g.sec_list = sorted(set(g.sell_list) | set(today_list))

# if index_cond:
g.buy_stocks= []
g.sell_stocks = []
total_hold_len = len(g.yst_hold) - len(g.sell_stocks)
for sec in g.sec_list:
    if total_hold_len>= g.config["持仓股票个数"]:
        break
```

```python
        sec_his = get_history(count=100, frequency='1d', field=['close', 'volume', 'open', 'low','high'], security_list=sec, fq='post', include=False)
        # 买入信号构建
        mv_df = moving_average_system(sec_his, g.config["short"], g.config["mid"], g.config["long"])
        condBuy = False
        if mv_df['一阳穿三线信号'].iloc[-1]==True:
            condBuy=True
        
        if condBuy & (sec not in g.yst_hold):
            g.buy_stocks.append(sec)
            total_hold_len+=1
    # else:
    #     g.buy_stocks = []
    #     g.sell_stocks = g.yst_hold
    
    # 昨日已持仓,今日继续持仓的股票
    g.hold_stocks = sorted(set(g.yst_hold) - set(g.sell_stocks))
    g.total_stocks = sorted(set(g.buy_stocks) | set(g.hold_stocks))
    if len(g.total_stocks)!=0:
```

```
        if g.rebalance:
            g.per_inv = context.portfolio.portfolio_value *g.reblance_ratio // len(g.total_stocks) if len(g.total_stocks)!=0 else 0
        else:
            g.per_inv = g.trade_amount
    else:
        g.per_inv=0


def daily_event(context):
    for sec in g.hold_stocks:
        posInfo = get_position(sec)
        # 存在提取最新交易价格时候，提取不到数据，或者提取数据为0的情况，导致计算持有收益出现问题
        if int(posInfo.last_sale_price) ==0:
            new_price = get_history(count=1, frequency='1m', field=['close'], security_list=sec, fq='pre', include=False).iloc[0,0]
        else:
            new_price = posInfo.last_sale_price

        holdRet = new_price/posInfo.cost_basis-1 if posInfo.cost_basis!=0 else 0
```

```
            if holdRet <g.config["止损"]:
                if posInfo.enable_amount>0:
                    vol = posInfo.enable_amount
                    if vol >0:
                        order(sec, -vol)
                        log.info("止损卖出股票:{}".format(sec))
            elif holdRet >g.config["止盈"]:
                if posInfo.enable_amount>0:
                    vol = posInfo.enable_amount
                    if vol >0:
                        order(sec, -vol)
                        log.info("止盈卖出股票:{}".format(sec))
    # 清仓：持有股票时监控昨日最低价是否低于下线，低于下线卖出。增加止盈止损
    for sec in g.sell_stocks:
        posInfo = get_position(sec)
        if posInfo.enable_amount>0:
            vol = posInfo.enable_amount
            if vol >0:
                order(sec, -vol)
                log.info("卖出股票:{}".format(sec))

    if g.rebalance:
```

```python
# 持仓股票再平衡
for sec in g.hold_stocks:
    posInfo = get_position(sec)
    if posInfo.enable_amount>0:
        posInfo = get_position(sec)
        if sec[:3] !="688":
            vol_diff = ((g.per_inv - posInfo.amount * posInfo.last_sale_price)/posInfo.last_sale_price)//100*100
        else:
            vol_diff = ((g.per_inv - posInfo.amount * posInfo.last_sale_price)/posInfo.last_sale_price)//200*200
        if abs(vol_diff)>0:
            order(sec, vol_diff)
            log.info("持仓股票再平衡:{}".format(sec))

# 买入模块
for sec in g.buy_stocks:
    posInfo = get_position(sec)
    if posInfo.amount == 0:
        price = context.portfolio.positions[sec].last_sale_price
        if sec[:3] != "688":
            vol = min(context.portfolio.cash, g.per_inv)/
```

```
            price//100*100    #计算买入数量并取整百
        else:
                vol = min(context.portfolio.cash, g.per_inv)/
price//200*200    #计算买入数量并取整百
        if vol > 0:
            order(sec, vol)
            log.info("买入股票:{}".format(sec))

def handle_data(context, data):
    pass

def moving_average_system(df, short=5, mid=10, long=20):
    """
    :param df: 需包含 open, high, low, close 列
    :param short: 短期均线
    :param mid: 中期均线
    :param long: 长期均线
    :return: 添加信号列的DataFrame
    """
    # 计算三种不同深度的均线地基
    df['MA5'] = df['close'].rolling(short).mean()
    df['MA10'] = df['close'].rolling(mid).mean()
```

```
df['MA20'] = df['close'].rolling(long).mean()
df['is_up'] = df['close']> df['open']
df['cross_up'] = (df['close']>df['MA5']) & (df['close']>df['MA10']) & (df['close']>df['MA20'])
df['cross_down'] = (df['open']<=df['MA5']) & (df['open']<=df['MA10']) & (df['open']<=df['MA20'])

#综合信号生成
df['一阳穿三线信号'] = (df['is_up'] & df['cross_up'] & df['cross_down'])

return df
```

7.3 "电脑验证"策略效果监测和反馈

本节将进入实战环节，看看一阳穿三线策略的效果如何。

打开 PTrade 体验版，在策略列表中找到"进阶实操作业——空白模板"，点击进入。

	频率	业务类型	最后修改时间	回测次数
操作作业——单均线策略	每天	股票	2025-04-09 13:25:45	0
操作作业	每天	股票	2025-04-09 13:25:45	0
操作作业——双均线策略	每天	股票	2025-04-09 13:25:45	0
作业——空白模板，可自由发挥	每天	股票	2025-04-09 13:25:45	0

进入之后，将完整的一阳穿三线策略代码复制到空白模板中。

其中，调整参数的代码位于策略的第 7 至 20 行，具体如下所示。

```python
def initialize(context):
    #用户可修改参数
    g.sec_code = "000300.SS"#"000028.XBHS" # 股票池
```

第7章 一阳穿三线实战：捕捉强势启动点的量化策略

(必须填入指数股票池) 默认：成长180指数

  g.rebalance = False # 自动每日再平衡资金

  g.reblance_ratio = 0.96 # 1：表示取资金账户的所有资金；0.5：表示取资金账户的一半资金

  g.trade_amount = 20000 # 每只股票固定买入10万，与g.rebalance冲突，若要设定该选项，则将g.rebalance设置为False

  g.config = {

    'event_time': '9:35', # 触发时间 可设置范围是09:31--11:29, 13:00--14:59

    'short':5,   #短期均线

    'mid':10,   #中期均线

    'long':20,   #长期均线

    '持仓股票个数':1,

    '止损':-0.02,

    '止盈':0.05

  第9行"g.sec_code = "000300.SS" #"000028.XBHS" # 股票池(必须填入指数股票池) 默认：成长180指数"，这里是调整股票池的地方，我们暂时以创业板指数作为对象。

  第10行"g.rebalance = False # 自动每日再平衡资金"，在策略中，"自动每日再平衡资金"的作用是在

资金充足的情况下，确保新选出来的股票都能被买入；由于当前学习还处于初步阶段，本节先不使用"每日再平衡资金"，大家了解下面的例子即可。

例如，11 月 1 日，我的账户里面有 100 万元，策略当天给我选出了 10 只股票，然后我全仓买入了这 10 只股票，每只股票的仓位都相同，就是每只股票买入了 10 万元；到了第二天，即 11 月 2 日，我的账户里面还是这 100 万元，策略当天给我选出了 20 只股票，注意这里的 20 只股票包含了昨天的 10 只股票。但是昨天我已经全仓了，如果没有"每日再平衡资金"，由于没有资金，新选出来的 10 只股票就不会买入。而当我启用"每日再平衡资金"，在选出 20 只股票后，它会先对昨天的 10 只股票进行减仓，每只股票都会减仓一半，减出 50 万元资金用于买入新选出来的 10 只股票；这时候 20 只股票都会被买入，而且每只股票的资金相同，均为 5 万元。

第 11 句 "g.reblance_ratio = 0.96"，这里是设置使用资金的比例，例如我有 10 万元，比例设置为 0.96，就是使用 9.6 万元资金；

第 12 句 "g.trade_amount = 20000"，这里是设置单只股票的最高买入金额，例如将其设置为 2 万，那么一只股票最多只能买 2 万元，注意该设置不可与"每日再平衡资金"一起使用。

后面几行代码是设置均线的参数、止损的幅度，整体比较简单，这里就不展开讲解了。

了解代码之后，我们来调整参数，参数会直接影响到策略结果的好坏。经过调试，参数代码如下所示。

再对参数进行修改，回测周期为"2024-09-15 到 2024-10-1"，资金还是"¥100 000"，频率为"分钟"。

以上就是调优调参的内容了。我们可以看到，该策略与前面的均线策略有较大不同。

在调优调参之后，一定要记得点击"保存"，这样修改才会固定下来；点击"保存"后，再点击右上方的"运行回测"，稍等一下结果就会出来。策略运行结果具体如下所示。

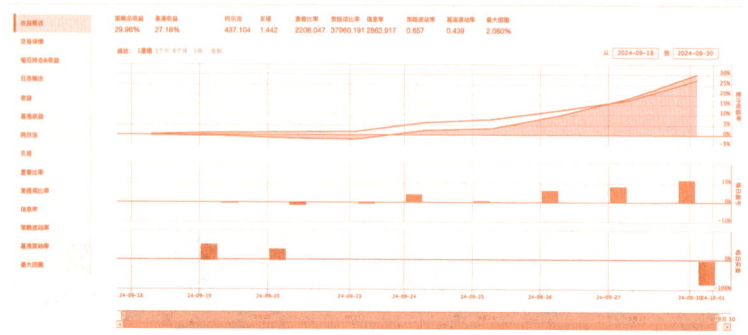

从收益来看，在整个回测周期中，策略总收益为29.96%，而基准收益为27.18%，策略稳稳跑赢大盘；最大回撤为2.08%，回撤并不高。整体而言，这个策略的表现还是非常不错的。

了解了策略的整体收益之后，我们来深入分析这个策略具体买了什么股票。在回测结果界面，点击左边的"交易详情"，就能看到具体买入的股票了。

整体来看，在9月15日到10月1日期间总共有

第 7 章 一阳穿三线实战：捕捉强势启动点的量化策略

8 次操作，一共买入了 5 只个股。我们以 300979 和 300012 这两只个股为例进行具体分析。

先来看 300979 这只个股有没有出现一阳穿三线的技术形态。下图是 300979 股票在 9 月 15 日到 10 月 1 日的 k 线图，在策略中它是在 9 月 19 日买入的。

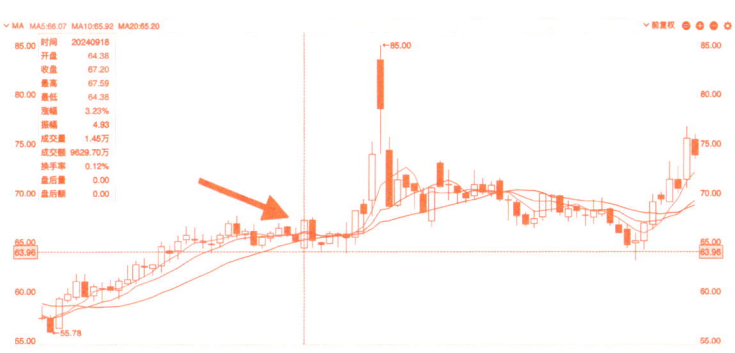

如图所示，300979 这只个股在 9 月 18 日出现了一阳穿三线的技术形态，我们在 9 月 19 日开盘后就买入了这只个股，技术形态非常标准。

接下来，我们再来看 300012 这只个股有没有出现一阳穿三线的技术形态。下图是 300012 股票在 9 月 15 日到 10 月 1 日的 k 线图，在策略中它是在 9 月 20 日买入的。

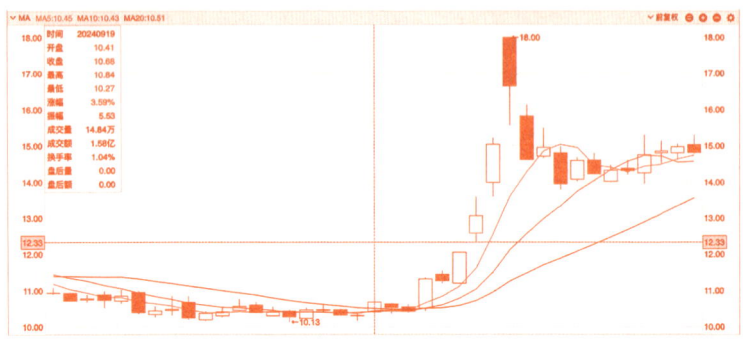

如图所示，300012这只个股在9月19日出现了一阳穿三线的技术形态，我们在9月20日开盘后就买入了这只个股，技术形态也非常标准。

以上就是关于一阳穿三线"电脑验证"的全部内容。我们可以看到策略捕捉到了一阳穿三线的个股，并且策略收益也相当不错。

相信经过本节的学习，大家能切实感受到量化交易的功能强大，只要拥有好的想法，并将其编写为策略代码，电脑就能自动进行选股、择时、止盈止损等一系列操作。

7.4 章节总结

本章围绕"投资思想""交易规则"和"电脑验证"三大方向，系统讲解了一阳穿三线这个量化策略。

（1）"投资思想"策略构建的底层逻辑。

一阳穿三线是一种常见的 K 线形态，简单来说就是某天出现一根阳线（收盘价比开盘价高），并且这根阳线的实体部分同时向上穿过三条不同周期的均线，比如 5 日均线、10 日均线和 20 日均线。以一阳穿三线为核心打造策略，其核心逻辑是，当某只股票出现一阳穿三线形态时，程序自动买入；达到预设条件时，程序自动卖出。

（2）"交易规则"快速构建交易系统。

在这个策略中，我们需要量化的指标是均线和成交量；操作的对象是整个 A 股的股票（也可用沪深 300 指数或其他指数），然后从所有股票中选出出现了一阳穿三线的股票。而买入就非常简单了，当我们定好的股票池中出现了"一阳穿三线"的信号，就会买入这只股票；至于卖出，这里暂时没有设定，而是以止盈止损作为卖出的判断依据。

（3）"电脑验证"策略效果监测和反馈。

本节对策略进行了回测，整体效果非常不错，并对策略中具体买入的个股进行分析，可以看到买入的个股出现了非常标准的一阳穿三线技术形态。

第 8 章

一阳穿三线叠加均线：
启动点捕捉与动态择时策略

股市有风险，入市需谨慎。书中提到的所有案例和收益仅作参考，主要以教学为目的，不构成收益保证。

2023 年 4 月的某个交易日下午 3 点，老王盯着交割单上某只股票的卖出记录直摇头。

这支曾在 9 月让他获利 35% 的卫星导航概念股，此刻正在冲击第 7 个涨停板——而他早在第三个涨停时就因触及 30% 止盈线自动离场。"又卖飞了！"他苦笑着翻看交易记录。类似的遗憾几乎每月都会发生：要么过早止盈错失主升浪，要么止损线扛不住主力洗盘。

直到某天在券商交流会上，邻座职业交易员点醒了他："单纯用固定盈亏比离场就像开车只看油表，得结合均线拐头这类趋势信号来判断何时该换挡。"

这正是"一阳穿三线叠加均线"策略的精髓。当我们用"阳线破三关"锁定强势启动点后，更需要动态的离场机制。就像之前的某只股票，在突破三条均线强势启动后，10 日均线始终托着股价震荡上行。直到 5 日线下穿 10 日线形成死叉，此时离场仍能守住 62% 的涨幅，远比机械执行 30% 止盈更契合趋势节奏。本章要讲解的进阶策略，正是将"买点捕捉"与"动态择时"巧妙结合的量化方案。在原有一阳穿三线买入信号基础上，引入双均线死叉作为离场标准，相当于给交易系统装上"趋势导航仪"：既不错过主升浪，又能及时规避趋势反转风险。

第 8 章 一阳穿三线叠加均线：启动点捕捉与动态择时策略

8.1 "投资思想"策略构建的底层逻辑

一阳穿三线叠加均线策略，就是在一阳穿三线策略的基础上加入均线的判断条件。

在一阳穿三线策略中，我们是通过止盈止损卖出的，如盈利达到 30% 就卖出，亏损了 15% 就卖出，然而这个策略本质上缺少了卖出；而叠加了均线后，我们可以通过均线死叉来卖出。具体来说，一阳穿三线叠加均线策略，就是当某只股票出现一阳穿三线形态时，程序自动买入；买入的个股出现均线死叉时，程序自动卖出，操作如下所示。

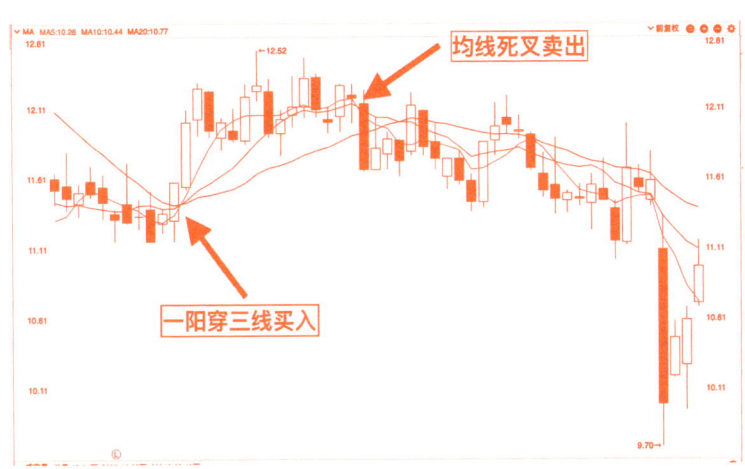

8.2 "交易规则"快速构建交易系统

本节开始搭建一阳穿三线叠加均线策略。

搭建一阳穿三线叠加均线策略非常简单,它是在一阳穿三线策略的基础下,加入卖出的条件——均线出现死叉就卖出。一阳穿三线叠加均线的交易规则如下:我们需要量化的指标是均线和成交量;操作对象是整个A股的股票(也可用沪深300指数或其他指数),然后从所有股票中选出出现了一阳穿三线的股票。

关于买入规则,在收盘后,当我们定好的股票池中出现了"一阳穿三线"的信号,第二天就买入这只股票;关于卖出规则,判断均线是否出现了死叉(例如5日线和10日线),出现了死叉就卖出。

理清交易规则之后,我们只需将其转换为电脑可运行的代码即可,策略代码如下所示。

```
"""
策略名称:
一阳穿三线叠加均线策略
"""
```

```python
def initialize(context):
    #用户可修改参数
    g.sec_code = "000300.SS"#"000028.XBHS" # 股票池(必须填入指数股票池) 默认：成长180指数
    g.rebalance = False # 自动每日再平衡资金
    g.reblance_ratio = 0.96 # 1：表示取资金账户的所有资金；0.5：表示取资金账户的一半资金
    g.trade_amount = 20000 # 每只股票固定买入10万，与g.rebalance冲突，若要设定该选项，则将g.rebalance设置为False
    g.config = {
        'event_time': '9:35',   # 触发时间  可设置范围是09:31--11:29, 13:00--14:59
        'short':5,           #短期均线
        'mid':10,            #中期均线
        'long':20,           #长期均线
        '持仓股票个数':1,
        '止损':-0.02,
        '止盈':0.05
        
        
        
        
        
    }
```

```
run_daily(context, daily_event, time=g.config['event_time']) #设置触发时间

log.info('日线一阳穿三线策略')
log.info('')
log.info('设置成功')
log.info('交易触发时间: {}'.format(g.config['event_time']))


def before_trading_start(context, data):
    # 昨日持仓股票
    g.yst_hold = [v.sid for s, v in get_positions().items()]
    # 获取沪深300股票池股票
    today_stocks = sorted(get_index_stocks(g.sec_code))
    index_his = get_history(count=100, frequency='1d', field=['close'], security_list=g.sec_code, fq='post', include=False)
    index_cond = index_his["close"].iloc[-3:].mean()>index_his["close"].iloc[-10:].mean()
    today_list = sorted(today_stocks)
    # log.info(today_list)
```

```python
# 昨日在股票池，今日不在股票池
g.sell_list = sorted(set(g.yst_hold) - set(today_list))
# 今日股票池
g.sec_list = sorted(set(g.sell_list) | set(today_list))


# if index_cond:
g.buy_stocks= []
g.sell_stocks = []
# 均线卖出
for hold_stk in g.yst_hold:
    sec_his = get_history(count=100, frequency='1d', field=['close', 'volume', 'open', 'low','high'], security_list=hold_stk, fq='post', include=False)
    if sec_his["close"].iloc[-1] < sec_his["close"][-10:].mean():
        g.sell_stocks.append(hold_stk)

total_hold_len = len(g.yst_hold) - len(g.sell_stocks)
for sec in g.sec_list:
    if total_hold_len >= g.config["持仓股票个数"]:
        break
    sec_his = get_history(count=100, frequency='1d',
```

```python
       field=['close', 'volume', 'open', 'low','high'], security_list=sec, fq='post', include=False)
    # 买入信号构建
       mv_df = moving_average_system(sec_his, g.config["short"], g.config["mid"], g.config["long"])
    condBuy = False
    if mv_df['一阳穿三线信号'].iloc[-1]==True:
        condBuy=True

    if condBuy & (sec not in g.yst_hold):
        g.buy_stocks.append(sec)
        total_hold_len+=1
  # else:
    # g.buy_stocks = []
    # g.sell_stocks = g.yst_hold




    # 昨日已持仓,今日继续持仓的股票
    g.hold_stocks = sorted(set(g.yst_hold) - set(g.sell_stocks))
    g.total_stocks = sorted(set(g.buy_stocks) | set(g.hold_stocks))
```

```
if len(g.total_stocks)!=0:
    if g.rebalance:
        g.per_inv = context.portfolio.portfolio_value
*g.reblance_ratio // len(g.total_stocks) if len(g.total_
stocks)!=0 else 0
    else:
        g.per_inv = g.trade_amount
else:
    g.per_inv=0


def daily_event(context):
    for sec in g.hold_stocks:
        posInfo = get_position(sec)
        # 存在提取最新交易价格时候，提取不到数据，或者提取数据为0的情况，导致计算持有收益出现问题
        if int(posInfo.last_sale_price) ==0:
            new_price = get_history(count=1, frequency='1m', field=['close'], security_list=sec, fq='pre', include=False).iloc[0,0]
        else:
            new_price = posInfo.last_sale_price

        holdRet = new_price/posInfo.cost_basis-1 if posInfo.
```

```
        cost_basis!=0 else 0
            if holdRet <g.config["止损"]:
                if posInfo.enable_amount>0:
                    vol = posInfo.enable_amount
                    if vol >0:
                        order(sec, -vol)
                        log.info("止损卖出股票:{}".format(sec))
            elif holdRet >g.config["止盈"]:
                if posInfo.enable_amount>0:
                    vol = posInfo.enable_amount
                    if vol >0:
                        order(sec, -vol)
                        log.info("止盈卖出股票:{}".format(sec))
    # 清仓：持有股票时监控昨日最低价是否低于下线，
    低于下线卖出。增加止盈止损
    for sec in g.sell_stocks:
        posInfo = get_position(sec)
        if posInfo.enable_amount>0:
            vol = posInfo.enable_amount
            if vol >0:
                order(sec, -vol)
                log.info("卖出股票:{}".format(sec))
```

```
if g.rebalance:
    # 持仓股票再平衡
    for sec in g.hold_stocks:
        posInfo = get_position(sec)
        if posInfo.enable_amount>0:
            posInfo = get_position(sec)
            if sec[:3] !="688":
                vol_diff = ((g.per_inv - posInfo.amount * posInfo.last_sale_price)/posInfo.last_sale_price)//100*100
            else:
                vol_diff = ((g.per_inv - posInfo.amount * posInfo.last_sale_price)/posInfo.last_sale_price)//200*200
            if abs(vol_diff)>0:
                order(sec, vol_diff)
                log.info("持仓股票再平衡:{}".format(sec))

# 买入模块
for sec in g.buy_stocks:
    posInfo = get_position(sec)
    if posInfo.amount == 0:
        price = context.portfolio.positions[sec].last_sale_price
        if sec[:3] != "688":
```

```
                vol = min(context.portfolio.cash, g.per_inv)/
price//100*100  #计算买入数量并取整百
        else:
                vol = min(context.portfolio.cash, g.per_inv)/
price//200*200  #计算买入数量并取整百
        if vol > 0:
            order(sec, vol)
            log.info("买入股票:{}".format(sec))


def handle_data(context, data):
    pass



def moving_average_system(df, short=5, mid=10, long=20):
    """
    :param df: 需包含 open, high, low, close 列
    :param short: 短期均线
    :param mid: 中期均线
    :param long: 长期均线
    :return: 添加信号列的DataFrame
    """
    # 计算三种不同深度的均线地基
```

```python
df['MA5'] = df['close'].rolling(short).mean()
df['MA10'] = df['close'].rolling(mid).mean()
df['MA20'] = df['close'].rolling(long).mean()
df['is_up'] = df['close']> df['open']
df['cross_up'] = (df['close']>df['MA5']) & (df['close']>df['MA10']) & (df['close']>df['MA20'])
df['cross_down'] = (df['open']<=df['MA5']) & (df['open']<=df['MA10']) & (df['open']<=df['MA20'])

# 综合信号生成
df['一阳穿三线信号'] = (df['is_up'] & df['cross_up'] & df['cross_down'])

return df
```

8.3 "电脑验证"策略效果监测和反馈

与第 7 章一样，打开 PTrade 的网页端，在策略列表中找到"进阶实操作业——空白模板"，点击进入。

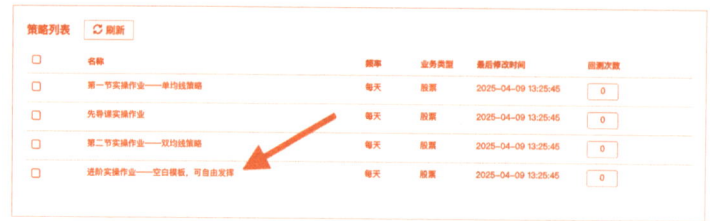

进入之后,将完整的一阳穿三线叠加均线策略代码复制到空白模板中。

其中,调整参数的代码位于策略的第 7 至 20 行。参数的具体说明在第 7 章中讲解过,这里不再赘述。

下面,我们直接进入实战环节。先调整策略的参数,调整后的参数如下所示。

```
def initialize(context):
    g.sec_code = "399006.SZ"
    g.rebalance = False
    g.reblance_ratio = 0.96
    g.trade_amount = 100000
    g.config = {
        'event_time': '9:35',
        'short': 5,
        'mid': 10,
        'long': 20,
        '持仓股票个数': 5,
        '止损': -0.1,
        '止盈': 0.5,
    }
```

给大家简单解读一下我们的参数设置吧：

"g.sec_code = "399006.SZ""是指将股票池设定为 399006，即创业板指数。

"g.rebalance = False"表示关闭资金再平衡，False是关闭，改为 Ture 就是运行了。

"reblance_ratio = 0.96"表示使用96%的资金来操作，例如我们有 10 万元，这样设置后最多只使用 9.6 万元进行买卖操作。

接下来设置回测参数：回测周期为"2024-09-15 到 2024-10-01"，资金为"¥300 000"，频率为"分钟"。

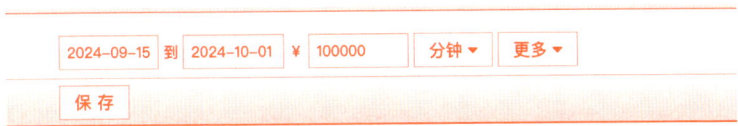

以上就是调优调参的内容了。在此之后，点击"保存"，再点击右上方的"运行回测"，稍等一下结果就会出来了。策略运行结果具体如下所示。

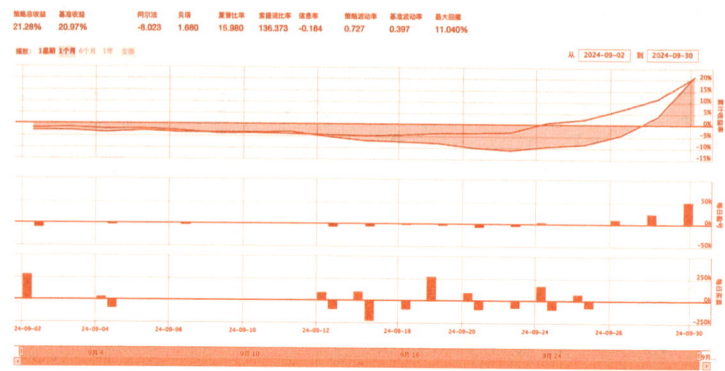

从收益来看,在整个回测周期中,策略总收益为21.28%,而基准收益为20.97%,策略稳稳跑赢大盘;最大回撤为11.04%,虽然回撤不算低,但还是在总收益的一半以下。整体而言,这个策略的表现也算非常不错了。

接下来,我们来看具体操作的股票。点击"收起全部",可以看到在2024年9月到10月这一个月里发生了很多交易。

以 9 月 19 日的交易为例，如下图所示，在这一天总共买入了三只股票，这三只股票分别为 300347、300979 和 301029。

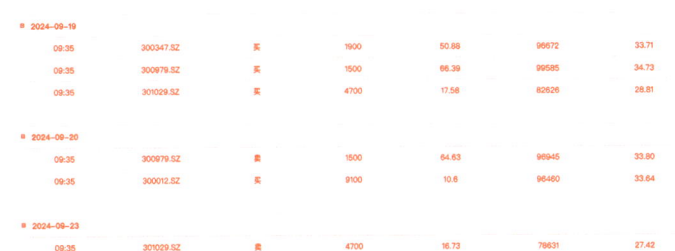

由于 300347 这只股票在策略运行结束时都没有卖出，我们重点来看 300979 和 301029 这两只股票。

对于 300979 这只股票，从交易详情中可以看到，300979 是在 9 月 19 日买入的，然后在 9 月 20 日卖出，我们结合以下 k 线图进行具体分析。

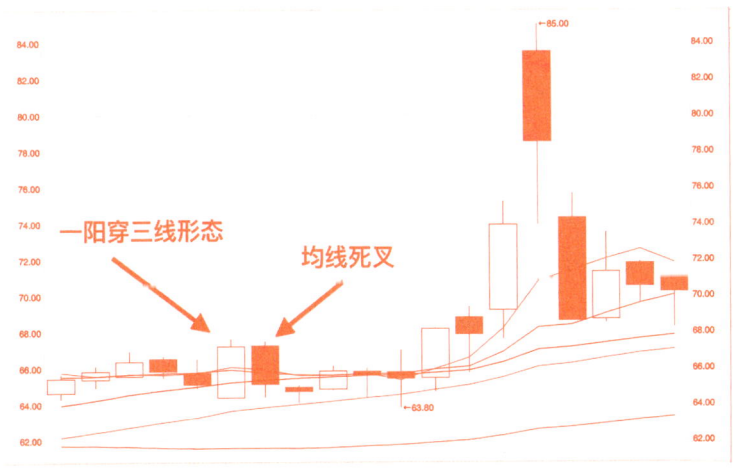

如图所示，300979 这只个股在 9 月 18 日出现了一阳穿三线的技术形态，我们在 9 月 19 日开盘后就买入了这只个股；但是在 9 月 19 日开盘买入后，这只个股在当天收盘时却出现了均线死叉的情况，所以在 9 月 20 日开盘后我们也卖出了这只股票，技术形态还是非常标准的。

对于 301029 这只股票，301029 也是在 9 月 19 日买入的，然后在 9 月 23 日卖出，我们结合以下 k 线图来具体分析。

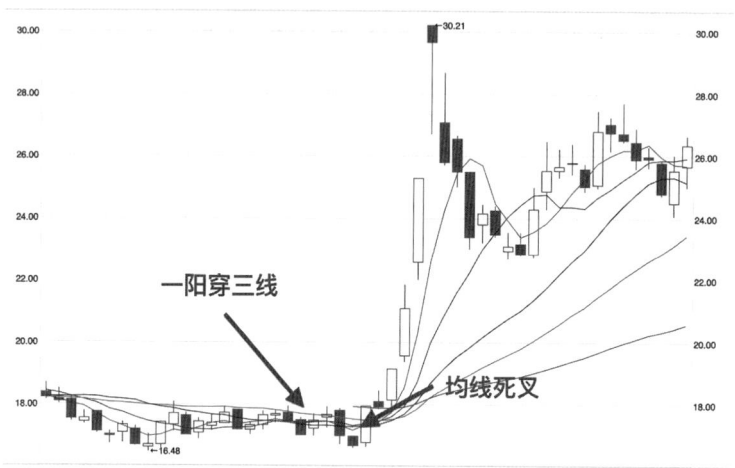

如图所示，301029 这只个股在 9 月 18 日出现了一阳穿三线的技术形态，我们在 9 月 19 日开盘后就买入了这只个股；而到了 9 月 20 日这只股票出现了均线死叉的情况，所以我们在 9 月 23 日开盘后卖出了这只股票，

技术形态还是非常标准的。

相信看完以上两只个股的买入和卖出之后,大家可以发现它们都是在大涨前就被卖出了,尤其是 301029 这只股票,在卖出之后就出现了一轮大幅上涨。对于这种情况,我们可以适当调整参数,例如原来是以 5 日线和 10 日线的死叉来卖出,后面可调整为以 10 日线和 20 日线的死叉来卖出。

以上就是关于一阳穿三线叠加均线策略"电脑验证"的全部内容。我们可以看到策略捕捉到了一阳穿三线的个股,按照要求进行了卖出操作,并且策略收益也相当不错。

本章内容体现了量化交易策略迭代优化的思想,在前面的章节中,我们分别学习了均线策略和一阳穿三线策略,本章则是将两种策略组合在一起使用。随着我们掌握的策略种类不断增加,可组合起来的策略也就更多,效果也会随之加强,可应对的行情也相应拓宽。

8.4 章节总结

本章围绕"投资思想""交易规则"和"电脑验证"三大方向,系统讲解了一阳穿三线叠加均线这个策略。

(1)"投资思想"策略构建的底层逻辑。

"一阳穿三线叠加均线"策略,就是当某只股票出现一阳穿三线形态时,程序自动买入;买入的个股出现均线死叉时,程序自动卖出。

(2)"交易规则"快速构建交易系统。

我们需要量化的指标是均线和成交量;操作对象是整个A股的股票(也可以用沪深300指数或其他指数),然后从所有股票中选出出现了一阳穿三线的股票。关于买入规则,在收盘后,当我们定好的股票池中出现了"一阳穿三线"的信号,第二天就买入这只股票;而关于卖出规则,判断均线是否出现了死叉(例如5日线和10日线),出现了死叉就卖出。

(3)"电脑验证"策略效果监测和反馈。

本节对策略进行了回测,整体效果非常不错,并对策略中具体买入的个股进行分析,可以看到买入的个股出现了非常标准的一阳穿三线技术形态,策略按照要求进行了卖出操作。

第 9 章

海龟交易法实战：
量化交易必学的经典策略

股市有风险，入市需谨慎。书中提到的所有案例和收益仅作参考，主要以教学为目的，不构成收益保证。

重仓股接连下跌，老王盯着账户里 -37% 的收益率红了眼眶。

3 个月前，他重仓押注新能源板块，用一阳穿三线策略精准捕捉到宁德时代的启动点，短短两周浮盈 22%。但突如其来的行业利空让股价连续跌停，设置的 15% 止损线形同虚设——根本卖不出去。"要是早学会仓位管理就好了！"他翻看着交易记录喃喃自语。

这时手机突然震动，弹出一条特别提示："沪铜主力合约突破 20 日高点，建议开立 3 手多单。"这是他在期货模拟盘设置的海龟交易法预警，3 个月来这个策略在 50 万元虚拟本金上稳稳保持不错的收益，而且回撤也保持得非常好。

这个诞生于 1983 年的传奇交易系统，给老王上了生动一课：真正的交易高手不是总能买在起涨点，而是懂得如何在惊涛骇浪中守住船舱。

第 9 章 海龟交易法实战：量化交易必学的经典策略

9.1 世纪赌约：普通人如何创造 80% 年化奇迹

我们先来了解一些关于海龟交易法的背景知识。

海龟交易法，是由美国期货交易员理查德·丹尼斯和威廉·埃克哈特于 20 世纪 80 年代提出的公开交易系统。

这个交易系统的背后有这样一段故事：某一天，理查德·丹尼斯与好友比尔打赌，主题是一个成功的交易员是天生的还是后天的。为此，理查德·丹尼斯在 1983 年招募了 13 个人，教授给他们期货交易的基本概念，以及他自己的交易方法和原则。理查德·丹尼斯将自己的学员们称为"海龟"，这源于他在新加坡参观海龟孵化场时获得的灵感，他表示我们要培养交易员，就像在新加坡养海龟一样。

后来，海龟实验成为交易史上最著名的实验。在实验开始后的 4 年中，"海龟"们取得了年均复利 80% 的收益；理查德·丹尼斯证明了用一套简单的系统和法则，可以使仅有很少或根本没有交易经验的人成为优秀的交易员。当时，"海龟"们商定即便在保密协定终止后也不泄露这些法则，但是有个别"海龟"在网站上出售海龟交易法则来谋取钱财。最后，为了阻止个别"海龟"对知识产权的偷窃和出售海龟交易法则的行为，"海龟"

们最终决定在网站上免费公开海龟交易法则。

9.2 "投资思想"六维风控体系：买入卖出的黄金法则

海龟交易法的精髓可总结为交易中的六个核心决策：市场选择、头寸规模、入市时机、止损规则、离市策略、执行策略。

（1）市场选择：交易什么品种？

海龟交易法首先强调市场选择的重要性。这套策略要求交易者同时关注至少10个以上不同类型的市场，就像渔夫不会只在单一水域撒网。选择标准非常明确：优先考虑日均交易额超10亿美元的高流动性市场，避开价格波动幅度经常小于1%的"死水"市场。这样做既能捕捉不同市场的趋势机会，又能避免因某个市场突发剧烈波动导致全盘亏损。

（2）头寸规模：用多少资金交易？

这是整个体系的风险控制核心。海龟交易法发明了独特的计算公式：每笔交易允许亏损的资金不超过账户总额的2%。例如10万元的账户，单次交易最多承受2 000元亏损。2%这个数字不是随意设定的，2%的阈值既能保证账户安全，又能让资金在连续亏损 20 次后仍保留 65% 的本金。实际操作中，需要根据市场波动幅度动态调整仓位，波动越剧烈，持有合约数就越少。

（3）入市时机：什么时候进场？

海龟交易法采用机械化的突破策略。当某个品种的价格突破过去 20 个交易日的最高点时，视为上涨趋势启动信号，立即买入做多；反之，当价格跌破过去 10 个交易日的最低点时，视为下跌趋势确认信号，果断卖出做空。这两个时间窗口（20 日 /10 日）经过大量历史数据验证，能有效过滤市场噪音，确保只在明确趋势形成时入场。

（4）止损规则：亏多少必须退出？

海龟交易法把止损视为生存底线。在建仓前就计算好止损价位，通常设置在买入价下方 2% 或卖出价上方 1.5% 的位置。重点在于绝对执行：当市场价格触及止损点时，即便交易者内心强烈预感会反弹，也必须立即平仓。海龟交易法甚至设计了双重保障：除了价格止损，还设置账户层面的止损线，单日总亏损达到账户 6% 时强制停止所有交易。

（5）离市策略：何时获利了结？

这是海龟交易法最精妙的设计，即采用"移动止盈"机制：当盈利达到买入价的 0.5 倍波动幅度时，将止损线上移至成本价；盈利达到 1 倍波动幅度时，止损线锁定 50% 利润。同时，监测 20 日均线这个趋势生命线——当价格连续两日收在 20 日均线下方，视为主要趋势结束，立即清仓离场。这种机制既能抓住趋势的主要波段，又能避免过早下车。

（6）执行策略：如何完成交易？

针对大资金操作的特殊性，海龟交易法制定了细致的交易规程。单笔超过市场日均成交量 5% 的订单必须拆分成小单，在 30 分钟内分批完成交易。对于价格快速波动的品种，要求设置 ±0.3% 的报价容忍区间，避免因滑点（预期价格与实际成交价的偏差）侵蚀利润。这些看似繁琐的规定，实则是保证系统稳定运行的关键细节。

9.3 "投资思想"唐奇安通道：根据通道突破操作

海龟交易法有两个关键指标，即唐奇安通道和 ATR。本节先来讲解唐奇安通道。

海龟交易法使用的是一个以理查德·唐奇安通道突破系统为基础的入市系统，其规则如下：当日最高价突破唐奇安通道上轨时做多；当日最低价突破唐奇安通道下轨时做空。

这里我们必须先知道什么是唐奇安通道的上下轨。唐奇安通道是由数学的方法定义的。对于唐奇安通道上轨，其计算公式如下：n 天的唐奇安通道上轨 = $\max\{X_1.\text{high}, X_2.\text{high}, \cdots\cdots, Xn.\text{high}\}$。这个公式表示 $X_1.\text{high}, X_2.\text{high}, \cdots\cdots, Xn.\text{high}$ 这些值中的最大值，其中 $X_1, X_2, \cdots\cdots, Xn$ 代表过去 n 天中每一天的 K 线。说白了，通道的上轨表示的是过去 n 天 K 线最高价的最大值。

我们结合下图进行具体分析。下图中一共截取了 10 天的 K 线，我们会发现每天的 K 线都有最高价和最低价。

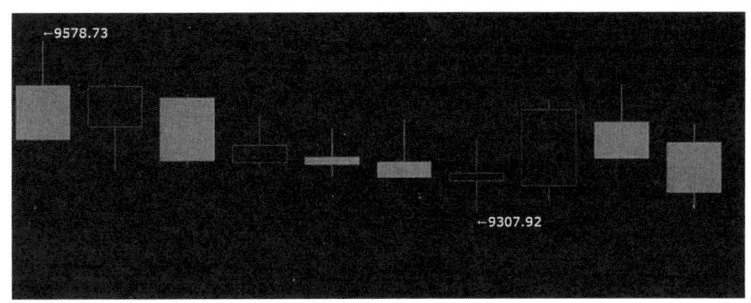

如果将这些最高价进行比较，就会发现最大值是 9 578.73。而通道上轨表示的是过去 n 天 K 线最高价的最大值，所以 10 天的唐奇安通道上轨就是 9 578.73。

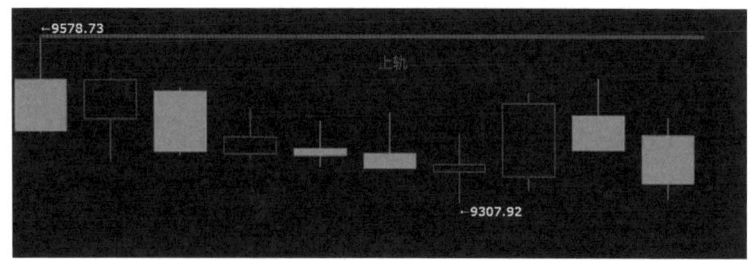

唐奇安通道下轨也是同理。唐奇安通道下轨的计算公式如下：n 天的唐奇安通道的下轨 $=\min\{X_1.\text{high},$ $X_2.\text{high},……,Xn.\text{high}\}$。结合下图来看，可以很清晰地判断出下轨就是 9 307.92，因为它是过去 10 天里每天最低价的最低点。

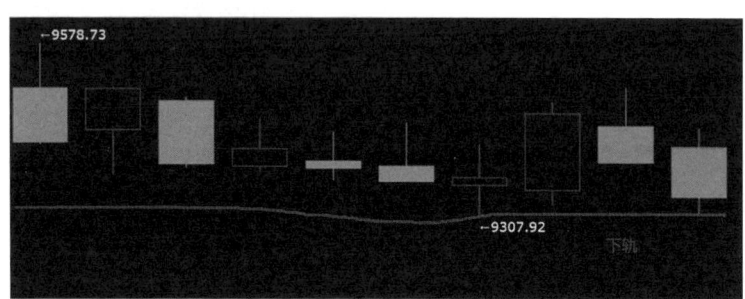

总结来说，唐奇安通道的上轨其实就是阻力位，下轨就是我们理解中的支撑位。

当价格冲破阻力位，说明局部的、暂时性的套牢盘都解套了，后续上涨的阻力被打破了，因此大概率形成上涨趋势，所以此时做多买入；反之，当价格跌破支撑位，说明看空的人太多，已经打破原本价格支持，后续大概率形成下跌趋势，所以此时可以看空卖出。

随着时间的变化，价格也在不断变化，唐奇安通道也是不断变化的，我们需要不断地计算买点和卖点，仅仅依靠唐奇安通道，就能形成一个简易的交易策略，如下图所示。

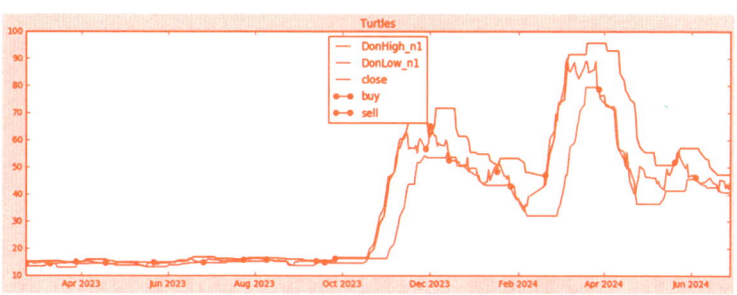

观察发现，图中有三条线，分别是蓝色的上轨、绿色的下轨、红色的收盘价，还有两个颜色的点位，其中绿色点位代表买点，红色点位代表卖点。

这个图片是通过 Python 绘制而来，它清晰地向我们展现了唐奇安通道和股价之间买卖点的关系。

从图中可知，在 2023 年接近 10 月时，发生了一次购买，大约在 2023 年 12 月卖出，形成一波大的盈利；随后是在 2024 年 2 月买入和 2024 年 4 月卖出，又形成一波大的盈利。

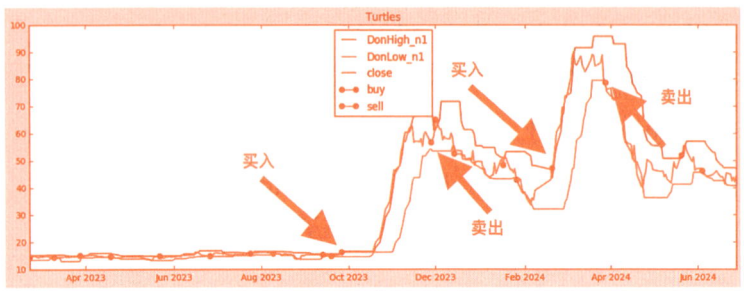

由此可见,仅仅依靠唐奇安的突破系统就可形成比较有效的波段盈利,因此这种简易的海龟交易法在股市中也是非常实用的。

9.4 "投资思想"ATR:根据波动率买卖的武器

上一节中以唐奇安通道作为引入,介绍了一个简易的海龟交易法。但需要注意的是,这并不是完整的海龟交易法,因为这种方法本身对于风险的控制是不到位的,而海龟交易法的精髓就在于其客观严格的仓位管理逻辑,并以此来控制风险。所以,我们需要学习一个关键概念——ATR。

在实际操作中,"海龟"交易者会根据一只股票的绝对波动幅度来调整头寸的规模,这个"波动幅度 N"又被称为 ATR。

N 代表一个市场过去 n 天内平均每天的波动幅度,

每一天的真实波动幅度可通过以下关系式计算：

TR（真实波动幅度）=Max（H–L，H–PDC，PDC–L）；其中，H 代表当日最高价，L 代表当日最低价，PDC 代表前一日收盘价。

通过以下例子进行具体说明。通常意义上，当天的股价波幅 = 最高价 – 最低价。比如，某股票当天最高价为 9.4，最低价为 8.9，波幅 =9.4–8.9=0.5，但真实波幅并不是这样的，还必须考虑昨日的情况，如果昨天的收盘价不是 8.9 而是 8.7，那么对于一个持有两天的人来说，其经历的真实波幅 =9.4–8.7=0.7。结合前面所讲，这两者的最大值 0.5 和 0.7，最大的代表真实的波动幅度，这个就是真实波幅公式的意义。计算出每天的真实波幅之后，我们可以算出 n 天真实波幅的平均值，也就是平均的真实波幅，即 ATR。

那么，我们是如何根据 ATR 来进行交易的呢？其实很简单。

先来看建仓。首先在突破点建立 1 个单位的头寸，然后按（1/2）×N 的价格间隔一步步扩大头寸，这个（1/2）×N 的间隔以上一份订单的实际成交价格为基础。如果最初的突破交易发生了（1/2）×N 的成交价偏差，那么新订单的价格将与突破点相差 1N，也就是最初（1/2）×N 的偏差加上（1/2）×N 的标准间隔。这个过程将继续下去，一直到头寸规模达到上限（耗完所有资金）。

举个例子，我们是这样逐步建仓的：

N（ATR）=2.505 5/日突破价=310.00（唐奇安通道上轨）

第一个单位：310.00

第二个单位：310.00+1/2×2.5=311.25

第三个单位：311.25+1/2×2.5=312.50

接下来我们看止损。要控制损失，最重要的一件事就是在入市之前就确定止损的标准。一旦价格到达止损标准，就必须坚定不移地退出。我们设定的规则是价格变动的上限为2N。止损标准就是2N：对多头头寸来说，止损价比入市价低2N；对空头头寸来说，止损价比入市价高2N。

如果N（ATR)=2.505 5，突破价=310，入市价为310，则止损价为304.989。

以上就是海龟交易法中关于唐奇安通道和ATR这两个核心理论的讲解。那么，我们要怎么理清海龟交易法的思路，又如何将海龟交易法转换为电脑可运行的代码呢？

9.5 "交易规则"快速构建交易系统

其实，海龟交易法就是围绕唐奇安通道和 ATR 这两个核心理论构建策略。

它的交易规则如下：我们需要量化的指标是股价，通过股价计算出唐奇安通道；操作对象是我们选定的某只股票，然后根据这只股票的唐奇安通道和 ATR 进行交易。

理清交易规则之后，我们只需将其转换为电脑可运行的代码即可，策略代码如下所示。

```
'''
策略名称：
日级别海龟策略
策略流程：
每日固定时间执行,上穿唐奇安上线买入,下穿唐奇安下线卖出。
Author: 高顿量化
Version: 1.0.0
'''
```

```
def initialize(context):
    #用户可修改参数
    g.config = {
        'buy_amount': 100000,    # 买入金额
        'event_time': '9:31',    # 触发时间  可设置范围是 09:30--11:29, 13:00--14:59
        'n1': 5,          # 买入参数
        'n2': 4,          # 卖出参数
        'ATR':10
    }
    g.sec_list = ['000628.SZ']  #股票池 可以填单个或多个 建议不超过20个
    run_daily(context, daily_event, time=g.config['event_time'])  #设置触发时间


def before_trading_start(context, data):
    log.info('')
    log.info('日级别海龟策略')
    log.info('买入金额: {}'.format(g.config['buy_amount']))
    log.info('触发时间: {}'.format(g.config['event_time']))
    log.info('策略正常运行 {}'.format(context.blotter.current_dt))
```

```python
def daily_event(context):
    for sec in g.sec_list:
        sec_his = get_history(count=60, frequency='1d', field=['close','low','high'], security_list=sec, fq='pre', include=False)
        sec_his['up'] = sec_his['high'].shift(1).rolling(window=g.config['n1']).max()   #上线
        sec_his['down'] = sec_his['low'].shift(1).rolling(window=g.config['n2']).min()  #下线

        high, low, close = sec_his['high'], sec_his['low'], sec_his['close']
        trueHigh = high.where(high>(close.shift(1)), (close.shift(1)))
        trueLow = low.where(low<(close.shift(1)), (close.shift(1)))
        atr = (trueHigh - trueLow)[-g.config['ATR']:].mean()

        posInfo = get_position(sec)
        # log.info(sec_his.tail(5))
        if posInfo.enable_amount>0:
```

```
        #持有股票时监控昨日最低价是否低于下线,低于下线卖出
        if sec_his['low'][-1] < sec_his['down'][-1]:
            vol = posInfo.enable_amount
            order(sec, -vol)


    if posInfo.amount==0:
        #未持有股票时监控买入信号,计算均线金叉
        if sec_his['high'][-1] > sec_his['up'][-1]:
            # price = context.portfolio.positions[sec].last_sale_price
            price = posInfo.last_sale_price
            vol = min(context.portfolio.cash, g.config['buy_amount'])/price//100*100   #计算买入数量并取整百
            if vol > 0:
                order(sec, vol)
def handle_data(context, data):
    pass
```

综上,海龟交易法策略代码可分为以下三部分:

第一部分是数据获取部分,在获取了 K 线相关信息后,计算出上线、下线。

第二部分是买入和卖出，突破上线买入，突破下线卖出，当然具体的买入和卖出是根据 ATR 来执行的。

第三部分是策略必带部分，这部分代码在前面的策略中均有提到。

9.6 "电脑验证"策略效果监测和反馈

本节开始进入实战环节，看看海龟交易法的效果如何。

打开 PTrade 体验版，在策略列表中找到"进阶实操作业——空白模板"，点击进入。

进入之后，将完整的海龟交易法策略代码复制到空白模板中。

```
 1   '''
 2   策略名称
 3   日线ян海龟策略
 4   策略说明:
 5   每日固定时间执行,上穿阻力线买入,下穿支撑线卖出
 6   Author: 吾微延忙
 7   Version: 1.0.0
 8   '''
 9
10
11  def initialize(context):
12
13      g.config = {
14          'buy_amount': 100000,
15          'event_time': '9:31',
16          'n1': ,
17          'n2': ,
18          'ATR': ,
19      }
20      g.sec_list = ['000628.SZ']
21      run_daily(context, daily_event, time=g.config['event_time'])
22
23
24  def before_trading_start(context, data):
25      log.info('')
26      log.info('日线双海龟策略')
27      log.info('买入金额: {}'.format(g.config['buy_amount']))
28      log.info('触发时间: {}'.format(g.config['event_time']))
29      log.info('策略正常运行 {}'.format(context.blotter.current_dt))
30
31
32  def daily_event(context):
33      for sec in g.sec_list:
34          sec_his = get_history(count= , frequency='1d', field=['close','low','high'], security_list=sec, fq='pre', include= )
35          sec_his['up'] = sec_his['high'].shift( ).rolling(window=g.config['n1']).max()
36          sec_his['down'] = sec_his['low'].shift( ).rolling(window=g.config['n2']).min()
37
38          high, low, close = sec_his['high'], sec_his['low'], sec_his['close']
39          trueHigh = high.where(high<close.shift( ), close.shift( ))
40          trueLow = low.where(low<close.shift( ), close.shift( ))
41          atr = (trueHigh - trueLow)[-g.config['ATR']:].mean()
42
```

再来设置回测参数:回测周期为"2024-01-01 到 2024-06-01",资金设置为"¥1 000 000",频率为"每天"。

修改好参数后,点击"保存",再点击右上方的"运行回测",稍等一下结果就会出来了。策略运行结果具体如下所示。

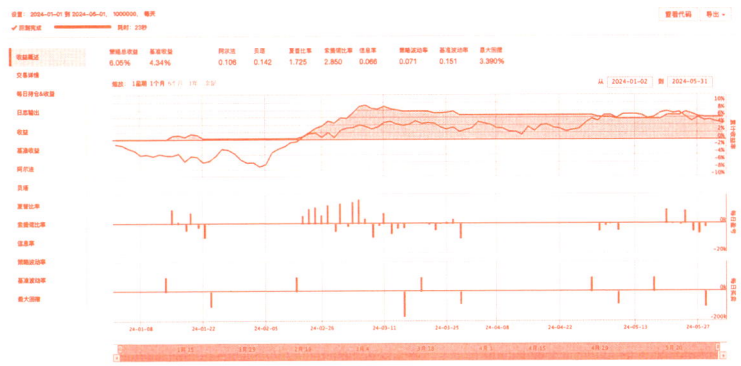

我们重点关注收益方面的结果。从图中可知,策略总收益为 6.05%,而基准收益为 4.34%,策略收益稳稳跑赢大盘。再看回撤方面,策略的最大回撤只有 3.39%,风控表现还是不错的。综上,海龟交易法的整体表现非常不错。

9.7 章节总结

本章围绕"投资思想""交易规则"和"电脑验证"三大方向,系统讲解了海龟交易法这个策略。

(1)世纪赌约:普通人如何创造 80% 年化奇迹。

海龟交易法，是由美国期货交易员理查德·丹尼斯和威廉·埃克哈特于20世纪80年代提出的公开交易系统。后来，海龟实验成为交易史上最著名的实验。在实验开始后的4年中，"海龟"们取得了年均复利80%的收益；理查德·丹尼斯证明了用一套简单的系统和法则，可以使仅有很少或根本没有交易经验的人成为优秀的交易员。

（2）"投资思想"六维风控体系：买入卖出的黄金法则。

海龟交易法的精髓可总结为交易中的六个核心决策：市场选择、头寸规模、入市时机、止损规则、离市策略、执行策略。

（3）"投资思想"唐奇安通道：根据通道突破操作。

海龟交易法使用的是一个以理查德·唐奇安通道突破系统为基础的入市系统，其规则如下：当日最高价突破唐奇安通道上轨时做多；当日最低价突破唐奇安通道下轨时做空。

（4）"投资思想"ATR：根据波动率买卖的武器。

在实际操作中，"海龟"交易者会根据一只股票的绝对波动幅度来调整头寸的规模，这个"波动幅度 N"又被称为 ATR。

(5)"交易规则"快速构建交易系统。

海龟交易法围绕唐奇安通道和 ATR 这两个核心理论构建策略。它的交易规则如下：我们需要量化的指标是股价，通过股价计算出唐奇安通道；操作对象是我们选定某只股票，然后根据这只股票的唐奇安通道和 ATR 进行交易。

(6)"电脑验证"策略效果监测和反馈。

本节对策略进行了回测，整体效果非常不错，策略总收益为 6.05%，而基准收益为 4.34%，策略收益稳稳跑赢大盘，并且策略的最大回撤只有 3.39%。

> **小白充能站** ▶▶

海龟交易法注意事项

（1）海龟交易法更适用于稳定波动型和波动趋势型的股票。海龟交易法是一种趋势交易，赚的是波段的差价，所以理论上来说，只要不是稳定平静的股票都能使用海龟交易法。

但由于 A 股市场对于做空的限制，其实最适合海龟交易法的股票是稳定波动型和波动趋势型；平静趋势型当然也能挣钱，不过这种股票是少之又少的，对于这种股票，其实单纯持有就好了。

因此，一个长期下跌趋势的股票是无法用海龟交易法挣钱的。

（2）海龟交易法切忌碰交易量小、流动性不好的股票。评价一个股票是否符合海龟交易法，一个重要的判断依据就是该股票的流动性，我们可以从以下两方面把握。

①成交量越大越好，成交量与同行业股票作比较，在行业股票中处于在行业股票中至少处于中等水平。

②换手率越大越好，一般我们要考察几个月甚至一年左右的平均换手率，最好高于行业平均值。

第 10 章

指标共振：
MACD+KDJ 策略实战

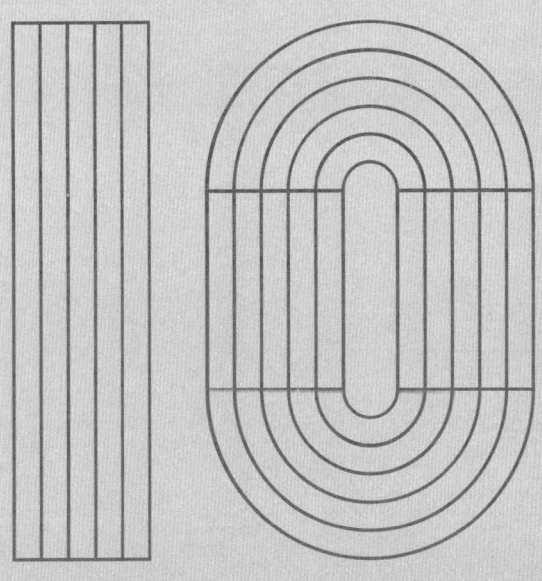

股市有风险，入市需谨慎。书中提到的所有案例和收益仅作参考，主要以教学为目的，不构成收益保证。

老王盯着分时图上跳动的某股票 K 线，手指在 F10 和 MACD 指标间来回切换。

这只曾让他亏损 37% 的股票，此刻正用教科书般的走势诠释着技术指标的魔力——MACD 金叉与 KDJ 超卖信号同时闪现，次日股价果然开启 8% 的反弹。

这就是被称为"指标共振"的量化战法。当 MACD 的趋势判断遇上 KDJ 的波段捕捉，就像给交易系统装上双引擎导航：MACD 作为趋势罗盘，通过 12/26 日均线差识别中长期方向；KDJ 作为波段雷达，用随机摆动指标捕捉短期买卖点；共振信号强化胜率，双重确认过滤 70% 以上假突破。

准备好解锁这柄"趋势+波段"的双刃剑了吗？让我们进入指标共振的量化世界，体验技术分析的进化形态。

10.1 "投资思想" MACD 解析：根据双线预测价格趋势

想要系统地学习 MACD+KDJ 策略，首先需要知道 MACD 和 KDJ 的一些基础知识。

需要注意的是，量化交易与手动交易有很大的不同：在手动交易时，我们只需要点开软件中的相应指标，然后通过肉眼去观察技术指标所处的状态；但在量化交易中，比如使用 MACD 和 KDJ 时，我们需要知道其计算方法，以及计算时需要获取哪些数据，就像在均线策略中我们要提前获取收盘价的数据，这样才能进行下一步操作。

本节先来了解第一个技术指标——MACD，全称为"移动平均收敛发散指标"。本质上，MACD 是一种通过分析市场或某只股票短期和长期移动平均线之间的关系来预测价格趋势的技术指标。下面结合 MACD 走势图对 MACD 进行具体讲解。

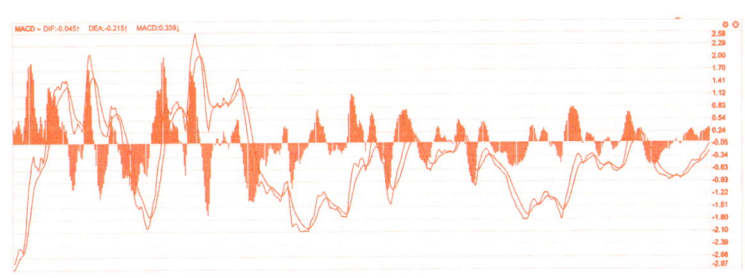

从走势图中可以看到，MACD 主要通过 DIF 和 DEA 这两根线所处的位置以及交叉情况来进行操作。

其中，MACD 以"零轴"作为判断趋势的标准：DIF 和 DEA 这两根线在零轴上方表示趋势向上，DIF 和 DEA 这两根线在零轴下方表示趋势向下。

此外，MACD 还以 DIF 和 DEA 两根线的交叉情况决定买卖操作：DIF 上穿 DEA 时，表示出现了金叉，可以进行买入操作；DIF 下穿 DEA 时，表示出现了死叉，可以进行卖出操作。

由于 DIF 和 DEA 这两根线是 MACD 的重点，这里我们拓展学习一下 DIF 和 DEA 具体是什么，又该如何使用。

（1）DIF 是 MACD 的核心部分，它代表了短期股价平均值和长期股价平均值之间的差距。

简单来说，假设 MACD 的参数设置为 12、26 和 9，DIF 就是用最近 12 天的股价平均值减去最近 26 天的股价平均值计算出来。DIF 可表明当下的市场或股票正处于什么状态。如果 DIF 是正数，说明短期的平均股价比长期的平均股价高，这意味着市场或某只股票正在上涨；如果 DIF 是负数，说明短期的平均股价比长期的平均股价低，这意味着市场或某只股票正在下跌。

（2）DEA 是 DIF 的 9 日移动平均线，其作用是平

滑 DIF 的波动，让我们能更清楚地看到趋势。

由于 DIF 有时会因为市场的小幅波动而产生误导，此时 DEA 就像是一个过滤器，帮助我们识别出真正的趋势变化。简单来说，DEA 是 DIF 的平滑版本，它是在 DIF 的背景下计算出来的，可用来确定 DIF 的变动是否具有持续性，从而避免因市场的短期波动而做出错误的交易决策。

总结一下，DIF 是衡量市场短期和长期趋势差异的指标，而 DEA 则是 DIF 的稳定器，帮助我们更准确地识别市场趋势。两者结合组成的 MACD 指标，就可以为投资者提供一个判断市场动向的有效工具了。

10.2 "投资思想" KDJ 解析：通过价格比对判断超买超卖

KDJ 本质上是一种随机振荡器，主要用于衡量市场或具体某只股票在一段时间内所处位置，并且能通过比较当前价格与过去价格的范围来预测价格的超买或超卖状态。

KDJ 的走势图如下所示。

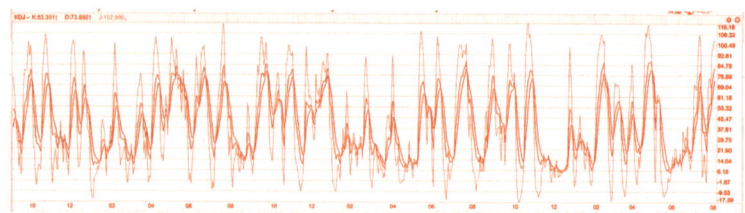

要理解 KDJ，就必须先明确 K 线、D 线和 J 线这三条曲线的含义。

KDJ 由 K 线、D 线和 J 线三条线组成。其中，K 线是未成熟随机值的 3 日指数移动平均，D 线是 K 线的 3 日指数移动平均，J 线是 3 倍的 K 线减去 2 倍的 D 线。

KDJ 指标是基于价格在特定周期内的相对位置计算出来的，由于 KDJ 这三条线的计算公式较复杂，这里就不展开讲解了。我们重点关注这三条线的意义：K 值主要反映市场短期内的波动情况；D 值是 K 值的平滑移动平均，反映市场中期趋势；J 值则通过 K 值和 D 值计算得出，反映市场超买或超卖状态。

在具体使用时，我们主要通过这三条线所处的位置以及交叉情况来进行买卖。KDJ 指标的值范围通常在 0 到 100 之间。当 K 线和 J 线超过 80 时，市场可能处于超买状态，价格可能会下跌；当 K 线和 J 线低于 20 时，市场可能处于超卖状态，价格可能会上涨。此外，当 K 线从下方穿过 D 线时，称为"金叉"，通常被视为买入信号；当 K 线从上方穿过 D 线时，称为"死叉"，通常被视为卖出信号。

10.3 "交易规则"多因子融合：MACD+KDJ 策略

MADC+KDJ 策略的核心是将 MACD 和 KDJ 的要点组合起来，然后通过这两个指标来进行买卖操作。

MADC+KDJ 策略的交易规则如下：我们需要量化的指标是 MACD 和 KDJ 这两个指标。注意，这里与均线策略、海龟交易法有所不同，均线策略和海龟交易法需要先获取收盘价，再计算均线或者唐奇安通道，而 MACD 和 KDJ 在量化软件中是直接封装好的，我们可以直接使用。

具体的操作规则如下：当 MACD>0，且 DIF>DEA 时买入；当 K>80，D>80，J>80，且 j 值向下突破 d 值时卖出。简单解读一下，我们是根据 MACD 执行买入，MACD>0 表示股价处于多头区域，且 DIF>DEA 表示两根线呈多头趋势，结合起来就是 MACD 处于多头区域并且出现多头买入；然后根据 KDJ 处于超卖区间卖出。

理清交易规则之后，我们只需将其转换为电脑可运行的代码即可，策略代码如下所示。

```
def initialize(context):

    # 初始化策略
    # 1. 指定要做演示的股票代码
    g.security = "600185.SS"
    # 2. 告诉量化策略程序要操作的股票代码
    set_universe(g.security)

def handle_data(context, data):

    # 3. 取出前面设置的股票代码的历史行情数据,包括收盘价、最高价、最低价
    #    将取出的历史行情数据保存在变量h中
    h = get_history(100, '1d', ['close','high','low'], security_list=g.security)

    # 4. 从h中取出收盘价
    close_data = h['close'].values
    # 5. 调用技术指标函数get_MACD,传入参数收盘价,设置MACD参数为 短周期12,长周期26,移动平均线周期9
    #    将计算好的MACD-DIF值、MACD-DEA值,MACD值保存到相应变量中
    macdDIF_data, macdDEA_data, macd_data = get_
```

```
MACD(close_data, 12, 26, 9)
    # 6. 计算HISTO值
    macdHISTO = macdDIF_data - macdDEA_data


    # 7. 调用技术指标函数get_KDJ，传入最高价、最低价、收盘价，设置参数14,3,3
    #   将计算好的KDJ值保存到相应变量中
    high_data = h['high'].values
    low_data = h['low'].values
    close_data = h['close'].values
     k_data, d_data, j_data = get_KDJ(high_data, low_data, close_data, 14, 3, 3)


    # 8. 得到当前资金余额
    cash = context.portfolio.cash
    # 9. 如果DIF值大于0，即白线在黄线上面；且MACD大于0，即显示为红柱子；且DIF向上突破DEA时，作为买入信号
    if macdDIF_data[-1] > 0 and macd_data[-1] >0  and macdHISTO[-1] > 0 and macdHISTO[-2] < 0 :
        # 用所有cash 买入股票
        order_value(g.security, cash)
        # 记录这次买入
```

```
log.info("Buying %s" % (g.security))
# 10. 如果KDJ中的J向下突破D时，出现卖出信号
elif j_data[-2] > d_data[-2] and j_data[-1] < d_data[-1]:
    # 全部卖出
    order_target(g.security, 0)
    # 记录这次卖出
    log.info("Selling %s" % (g.security))
print('data:%s'%data[g.security]['price'])
```

综上，MACD+KDJ 策略代码可分为以下三部分：

第一部分是数据获取部分，策略在获取了 K 线相关信息后，先单独拿出收盘价。

第二部分计算两个指标，策略在获取了收盘价信息之后，分别计算 MACD 和 KDJ 这两个指标。

第三部分是买入和卖出，当 MACD>0，且 DIF>DEA 时买入；当 K>80，D>80，J>80 时卖出。

10.4 "电脑验证"策略效果监测和反馈

本节开始进入实战环节，看看"MACD+KDJ 策略"的效果如何。

打开 PTrade 体验端，在策略列表中找到"进阶实操

作业——空白模板"，点击进入。

进入之后，将完整的 MACD+KDJ 策略代码复制到空白模板中。注意，在策略中我们的操作对象是"600185"这只股票。

```
def initialize(context):
    g.security = "600185.SS"
    set_universe(g.security)

def handle_data(context, data):

    h = get_history(100, '1d', ['close','high','low'], security_list=g.security)

    close_data = h['close'].values

    macdDIF_data, macdDEA_data, macd_data = get_MACD(close_data, 12, 26, 9)
    macdHISTO = macdDIF_data - macdDEA_data

    high_data = h['high'].values
    low_data = h['low'].values
    close_data = h['close'].values
    k_data, d_data, j_data = get_KDJ(high_data, low_data, close_data, 14, 3, 3)

    cash = context.portfolio.cash

    if macdDIF_data[-1] > 0 and macd_data[-1] > 0 and macdHISTO[-1] > 0 and macdHISTO[-2] < 0:
        order_value(g.security, cash)
        log.info("Buying %s" % (g.security))

    elif j_data[-1] > d_data[-1] and j_data[-2] < d_data[-2]:
        order_target(g.security, 0)
        log.info("Selling %s" % (g.security))
    print('data:%s'%data[g.security]['price'])
```

再来设置回测参数：回测周期为"2019-12-31 到

2024-01-31",资金为"¥100 000",频率为"每天"。

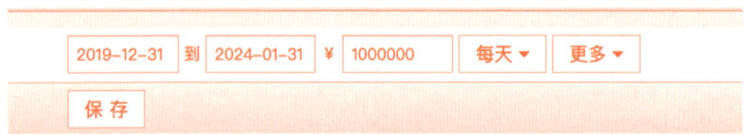

修改好参数后,点击"保存",再点击右上方的"运行回测",稍等一下结果就会出来了。策略运行结果具体如下所示。

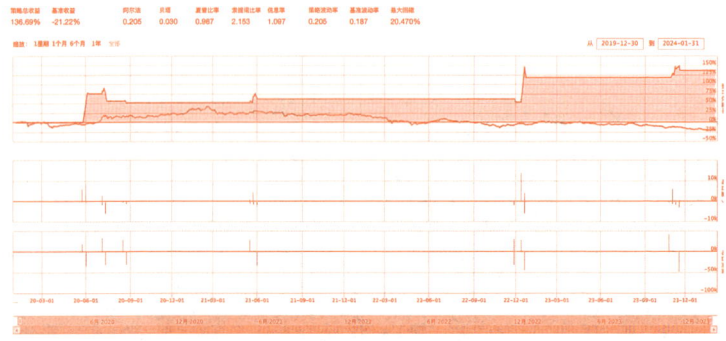

从收益来看,虽然策略运行的周期很长,但策略总收益高达 136.69%,而基准收益为 -21.22%,策略收益稳稳跑赢大盘。再看回撤方面,策略的最大回撤虽然达到了 20.47%,但相较于总收益也不算太高。

了解了策略的整体收益之后,我们来看看这个策略的具体运行情况。在回测结果界面,点击左边的"交易详情",就能看到具体买入的股票。

观察发现，虽然只是操作 600185 这只股票，但买卖的次数较多。

以第一笔买卖为例进行具体分析。第一笔交易买入是在 2020 年 5 月 26 日发生的，卖出是在 2020 年 6 月 5 日。根据策略的设定"当 MACD>0, 且 DIF>DEA 时买入；当 K>80, D>80, J>80, 且 j 值向下突破 d 值时卖出"，我们来看策略是否这样操作了。

对于 2020 年 5 月 25 日的走势情况，我们可以看到策略符合"当 MACD>0, 且 DIF>DEA 时买入"的要求，所以在次日（2020 年 5 月 26 日）买入。

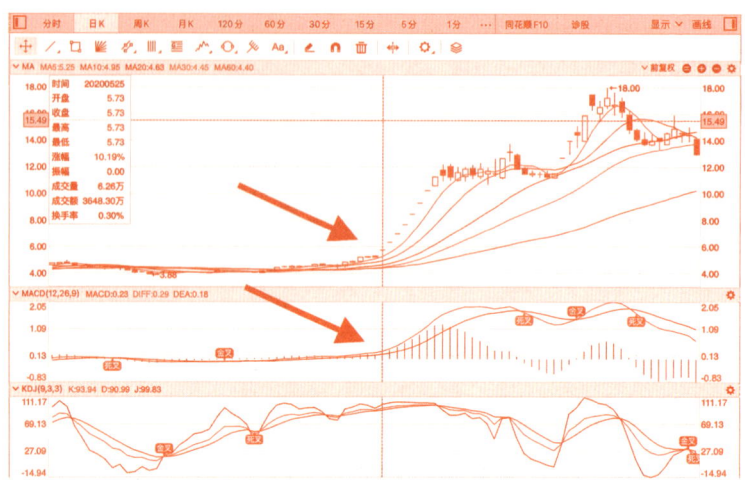

对于 2020 年 6 月 4 日的走势情况，我们可以看到策略也符合"如果 K>80，D>80，J>80，且 j 值向下突破 d 值时卖出"的要求，所以在次日（2020 年 6 月 5 日）卖出。

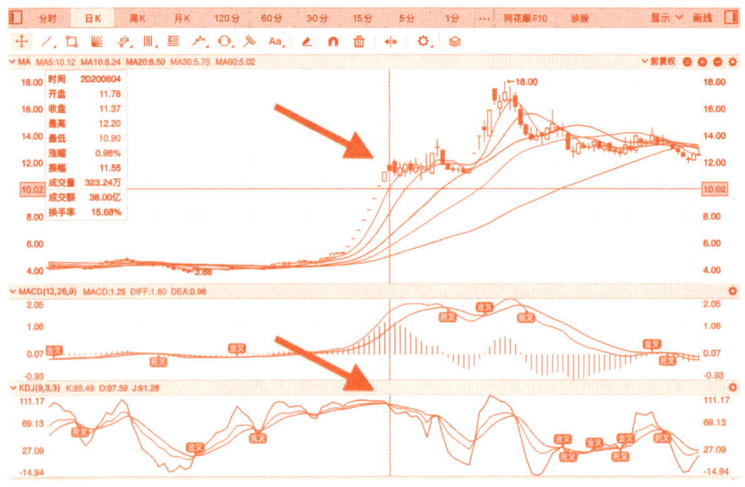

由此可见，策略切实执行了操作，并且策略收益也相当不错。

10.5 章节总结

本章围绕"投资思想""交易规则"和"电脑验证"三大方向，系统讲解了 MACD+KDJ 这个策略。

（1）"投资思想"MACD 解析：根据双线预测价格趋势。

MACD，全称为"移动平均收敛发散指标"。本质上，MACD 是一种通过分析市场或某只股票短期和长期移动平均线之间的关系来预测价格趋势的技术指标。

（2）"投资思想"KDJ 解析：通过价格比对判断超买超卖。

KDJ 的本质是一种随机振荡器，主要用于衡量市场或具体某只股票在一段时间内所处位置，并且能通过比较当前价格与过去价格的范围来预测价格的超买或超卖状态。

(3)"交易规则"多因子融合：MACD+KDJ策略。

MADC+KDJ策略的交易规则如下：我们需要量化的指标是MACD和KDJ这两个指标。注意，这里与均线策略、海龟交易法有所不同，均线策略和海龟交易法需要先获取收盘价，再计算均线或者唐奇安通道，而MACD和KDJ在量化软件中是直接封装好的，我们可以直接使用。

具体的操作规则如下：当MACD>0，且DIF>DEA时买入；当K>80，D>80，J>80，且j值向下突破d值时卖出。简单解读一下，我们是根据MACD执行买入，MACD>0表示股价处于多头区域，且DIF>DEA表示两根线呈多头趋势，结合起来就是MACD处于多头区域并且出现多头买入；然后根据KDJ处于超卖区间卖出。

(4)"电脑验证"策略效果监测和反馈。

本节对策略进行了回测，整体效果非常不错，并对策略中具体买卖操作进行分析，可以看到买入买卖操作还是非常标准的，策略及时抓到了信号。

第 10 章　指标共振：MACD+KDJ 策略实战

> **小白充能站** ▶▶
>
> **MACD 和 KDJ 使用注意事项**
>
> （1）MACD 的使用场景：MACD 不但适用于趋势行情，也适用于区间震荡行情。
>
> 在使用 MACD 时，我们一般通过 DIF 和 DEA 这两条线所处的位置和交叉情况来进行选股和择时。
>
> 其中，DIF 和 DEA 这两条线所处的位置，适合用于选股：当 DIF 和 DEA 都大于 0，即在"零轴"的上方，这就形成了"多头趋势"，表示指数或具体的个股呈现上涨趋势，可以买入；当 DIF 和 DEA 都小于 0，即在"零轴"的下方，这就形成了"空头趋势"，表示指数或具体的个股呈现下跌趋势，最好不要操作，持有的话可以卖出。
>
> 而 DIF 和 DEA 这两条线的交叉情况，则适合用于择时：当 DIF 上穿 DEA 时，就形成了"金叉"，这是一个买入的信号；而当 DIF 和 DEA 都大于 0，且 DIF 上穿 DEA 时，这就形成了"零轴上金叉"，这是一个强烈的买入信号；当 DIF 下穿 DEA 时，就形成了"死叉"，这是一个卖

出的信号；而当DIF和DEA都小于0，且DIF下穿DEA时，这就形成了"零轴下死叉"，这是一个强烈的卖出信号。

（2）KDJ的使用场景：短线交易、震荡市场、趋势行情。

短线交易：KDJ因为能够快速反应市场变化，及时提供买卖信号，所以在短线交易中非常实用。具体应用上，当K值和D值都低于20时，这表示市场处于超卖状态，可以考虑买入；当K值和D值都高于80时，这表示市场处于超买状态，可以考虑卖出。此外，当K线上穿D线、两线出现金叉时，是买入信号；反之，当K线下穿D线、两线出现死叉时，是卖出信号。

震荡市场：KDJ非常灵敏，所以在横盘或震荡市中可用于识别价格的高低点，从而进行高抛低吸操作。具体应用上，当K值和D值接近0~20区间时，可以考虑逢低买入；当K值和D值接近80~100区间时，可以考虑逢高卖出。不过，KDJ在个股股价剧烈波动时可能产生较多假信号，所以最好是结合其他指标一起使用。

趋势行情：虽然 KDJ 主要用于震荡市，但在趋势行情中，KDJ 也能辅助确认回调或反弹的结束点。具体应用上，在上升趋势中，当 KDJ 从超卖区域（如 20 以下）向上突破，并且当 K 线上穿 D 线、两线出现金叉时，可视为回调结束、继续上涨的信号，可以考虑买入；在下降趋势中，当 KDJ 从超买区域（如 80 以上）向下突破，并且当 K 线下穿 D 线、两线出现死叉时，可视为反弹结束、继续下跌的信号，可以考虑卖出。

第 11 章

通过市值捕捉机会：
大小市值策略

股市有风险，入市需谨慎。书中提到的所有案例和收益仅作参考，主要以教学为目的，不构成收益保证。

老王从去年开始到现在就一直持有着"中国移动"这只股票。

2024 年,中国移动的表现一直很不错,全年上涨了 24.48%,几乎每过几天老王就炫耀一下,说自己今天又赚了多少,买房买车指日可待;但到了 2025 年,中国移动的表现却一落千丈,例如在 2025 年 2 月上证指数上涨了 2% 的情况下,中国移动却下跌了 3.65%,跑输大盘不说还亏钱了,老王也从之前的变成了叫苦连天。

明明都是中国移动这只股票,为什么 2024 年表现很好,老王可以赚超过 20%;到了 2025 年表现却一落千丈,不但跑输大盘还会亏钱呢?这背后其实就是受到了市值的影响。

那么,什么是市值呢?为什么市值会对股价表现造成影响?本章会为大家展开讲解。

第 11 章　通过市值捕捉机会：大小市值策略

11.1　市值透视术：从万亿龙头到潜力小盘

11.11、市值是什么？

从理论上讲，市值是指一家上市公司在证券市场上的总价值，其计算公式为"当前股价 × 总股本（或流通股本）"。

我们以 600941 中国移动这只股票为例展开讲解，如下图所示，我们可以看到中国移动的流通市值和总市值分别为 2.37 万亿元和 993 亿元，这就是它的市值。

为什么中国移动的流通市值和总市值分别是 2.37 万亿元和 993 亿元呢？我们简单计算一下：中国移动的股价是 110.01 元，流通股本是 9.03 亿，总股本是 216 亿，根据上文提到的市值计算公式"当前股价 × 总股本（或流通股本）"可得：流通市值 = 当前股价 × 流通股本 = 110.01 × 9.03=993（亿元）；总市值 = 当前股价 × 总股

本 =110.01 元 × 216=23 762.16（亿元）≈2.37（万亿元）。

看到这里，大家可能会有疑问——为什么中国移动的流通市值（993 亿元）比总市值（2.37 万亿元）小这么多？什么是总市值？什么是流通市值？我们平常又该用哪个呢？

下面用"在商场卖衣服"的比喻来展开讲解。假设一家商场进货 1 000 件短袖上衣（以下简称"短袖"），这 1 000 件短袖的价值就是"总市值"。但老板不可能一下就卖出这 1 000 件短袖，他觉得每天只摆出 100 件短袖在货架上售卖就够了，这 100 件短袖的价值就是"流通市值"，换言之，大家可以买到的衣服就是"流通市值"。而剩下 900 件短袖锁在仓库里，可能是给老客户预留的，这部分就是"非流通股"。当然"非流通股"的实用性不强，我们日常很少用到，大家了解即可。

将这个比喻具体到股市中：短袖的总市值 = 所有短袖的价值 = 股价 × 总股本（货架上和仓库里的所有短袖）；短袖的流通市值 = 能直接买卖的短袖的价值 = 股价 × 流通股本（货架上正在售卖的短袖）。

那么，我们平常该用总市值还是流通市值呢？在实际操作中，我们应该更关注流通市值，这就像货架上的衣服卖得好不好，才决定当天价格的走势，同理，真正影响股价波动的自然是流通市值。

第 11 章　通过市值捕捉机会：大小市值策略

11.12、市值和股价的关系

按照市值大小，我们可以将股票分为大市值股票、中市值股票和小市值股票。

一般情况下，大市值股票是流通市值在 500 亿元以上的股票，小市值股票是流通市值在 100 亿元以下的股票，而流通市值在 100 亿至 500 亿元之间的股票就是中市值股票。以中国移动这只股票为例，它的流通市值为 993 亿元，大于 500 亿元，那它自然就是大市值股票。

回到"市值和股价的关系"这个话题上，我们继续围绕"在商场卖衣服"这个案例讲解。假设商场不仅卖短袖还卖毛衣，这里的短袖代指像中国移动这样的大市值股票，而毛衣代指小市值股票。同时，我们将 A 股市场类比为天气，具体来说，天气热代指行情好，天气冷代指行情不好。

在天气热的时候，短袖会卖得好，而毛衣卖得不好；

对应到股市上,行情好的时候,大市值的股票买的人多,股价表现较好;小市值的股票无人问津,股票表现不好。

反之,在天气冷的时候,短袖卖得不好,而毛衣卖得好;对应到股市上,行情不好的时候,大市值的股票无人问津,股价表现不好;小市值的股票买的人多,股票表现较好。

说到这里,再回到最开始的案例——为什么老王都是持有中国移动这只股票,在去年能大赚,到了今年就开始亏钱了呢?这是因为股市行情变化了。在2024年,上证指数大涨了12.67%,中国移动这样的大市值股票表现较好;但在2025年,行情开始走弱了,像2025年前3个月的涨幅只有2.56%,中国移动这样的大市值股票表现就不太好了。

其实,无论是短袖还是毛衣(即无论是大市值股票还是小市值股票),它本身是不会变动的,卖得好不好(股价表现好不好)主要取决于天气是热还是冷(取决于市场行情走势)。如果只从市值方面考虑,我们通过市值来操作就很简单了——在天气热的时候卖短袖(行情好时操作大市值),在天气冷的时候卖毛衣(行情不好时操作小市值),这样这就能赚到钱了。

当然,由于股票市场还会有很多不可估计的变数,操作起来自然没有这么简单。但正是基于这个简单的思想，量化交易上才会出现市值相关的策略。

11.2 "投资思想"策略构建的底层逻辑

市值策略，就是以市值判断作为核心去构建策略。

例如，要构建小市值策略，核心就是以市值在 100 亿元以下的股票作为买入对象；而构建大市值策略，则以市值在 500 亿元以上的股票作为买入对象。

目前，最简单的小市值策略就是买入并持有全市场市值最小的 5 家公司，如果出现了变化（例如持有的 5 只个股中，有 1 只个股不是市值最小的了）就立马进行替换；最简单的大市值策略就是买入并持有全市场市值最大的 5 家公司，如果出现了变化（例如持有的 5 只个股中，有 1 只个股不是市值最大的了）就立马进行替换。

11.3 "交易规则"快速构建交易系统

理解了市值策略的投资思想后，下面我们开始搭建市值策略。

11.31、小市值策略

小市值策略的交易规则如下：

我们需要量化的指标是"公司市值";操作对象是整个 A 股的股票(也可以用沪深 300 指数),然后从所有股票中选出市值最小的 5 家公司。而在买入卖出方面,买入 5 家市值最小的公司之后,如果这 5 家公司一直是市值最小的,就持有不动;如果出现了变化(例如持有的 5 只个股中,有 1 只个股不是市值最小的了),就先卖出变化了的股票,再把市值最小的股票买回来,最后还是持有 5 只股票。

理清了交易规则之后,我们只需将其转换为电脑可运行的代码即可,策略代码如下所示。

```
'''
Author: 高顿量化
Version: 1.0.0
Date: 2025/01/01
'''
from datetime import datetime
import numpy as np
import pandas as pd


def initialize(context):
    #用户可修改参数
```

g.sec_code = "000300.SS"#"000028.XBHS" # 股票池(必须填入指数股票池) 默认：沪深300指数

g.rebalance = False # 自动每日再平衡资金

g.reblance_ratio = 0.96 # 1：表示取资金账户的所有资金；0.5：表示取资金账户的一半资金

g.trade_amount = 20000 # 每只股票固定买入10万，与g.rebalance冲突，若要设定该选项，则将g.rebalance设置为False

g.config = {

    'event_time': '9:35',　# 触发时间　可设置范围是09:30--11:29, 13:00--14:59

    'N':5　　　　　　# 持仓股票个数

}

run_daily(context, daily_event, time=g.config['event_time']) #设置触发时间

log.info('日线小市值策略')

log.info('')

log.info('设置成功')

log.info('交易触发时间: {}'.format(g.config['event_

time']))

```python
def before_trading_start(context, data):
    # 昨日持仓股票
    g.yst_hold = [v.sid for s, v in get_positions().items()]
    today = get_trading_day().strftime("%Y%m%d")
    # 获取股票池股票
    today_stocks = sorted(get_index_stocks(g.sec_code))


    # 1. 初步过滤
    # 1.1 过滤上市未满一年股票
    today_stocks = get_filter_limited_date_stocks(today, today_stocks)
    # 1.2 过滤ST股票
    today_stocks = get_filter_st_stocks(today_stocks)
    today_list = sorted(today_stocks)

    # 2. 获取流通市值
    data = get_fundamentals(today_list, table="valuation", fields=["float_value"],
                            date=today)
```

```
factor = data["float_value"]
# 3.从小到大排序,获取流通市值前N支股票
    factor_stocks=factor.sort_values(ascending=True).
index[:g.config["N"]].tolist()


   g.buy_stocks = factor_stocks
   g.sell_stocks = list(set(g.yst_hold) - set(g.buy_stocks))
   # 昨日在股票池,今日不在股票池
   g.not_in_pool_stocks = list(set(g.yst_hold) - set(today_
list))
   # 今日股票池
   g.sec_list = list(set(g.not_in_pool_stocks) | set(today_
list))

   # 昨日已持仓,今日继续持仓的股票
   g.hold_stocks = sorted(set(g.yst_hold) - set(g.sell_
stocks))
   g.today_holds = sorted(set(g.buy_stocks) | set(g.hold_
stocks))
   if len(g.today_holds)!=0:
      if g.rebalance:
```

```
                g.per_inv = context.portfolio.portfolio_value
*g.reblance_ratio // len(g.today_holds) if len(g.today_
holds)!=0 else 0
        else:
            g.per_inv = g.trade_amount
    else:
        g.per_inv=0


def daily_event(context):
    # 卖出不在股票池的股票
    for sec in g.not_in_pool_stocks:
        posInfo = get_position(sec)
        holdRet = posInfo.last_sale_price/posInfo.cost_basis-1
if posInfo.cost_basis!=0 else 0
        if posInfo.enable_amount>0:
            vol = posInfo.enable_amount
            if vol >0:
                order(sec, -vol)
                log.info("卖出不在股票池的股票:{}".format(sec))
```

```
# 清仓：持有股票时监控昨日最低价是否低于下线，
低于下线卖出。增加止盈止损
for sec in g.sell_stocks:
    posInfo = get_position(sec)
    if posInfo.enable_amount>0:
        vol = posInfo.enable_amount
        if vol >0:
            order(sec, -vol)
            log.info("卖出股票:{}".format(sec))


if g.rebalance:
    # 持仓股票再平衡
    for sec in g.hold_stocks:
        posInfo = get_position(sec)
        if posInfo.enable_amount>0:
            posInfo = get_position(sec)
            if sec[:3] !="688":
                vol_diff = ((g.per_inv - posInfo.amount * posInfo.last_sale_price)/posInfo.last_sale_price)//100*100
            else:
                vol_diff = ((g.per_inv - posInfo.amount * posInfo.last_sale_price)/posInfo.last_sale_price)//200*200
            if abs(vol_diff)>0:
```

```python
            order(sec, vol_diff)
            log.info("持仓股票再平衡:{}".format(sec))


    # 买入模块
    for sec in g.buy_stocks:
        posInfo = get_position(sec)
        if posInfo.amount == 0:
            price = context.portfolio.positions[sec].last_sale_price
            if sec[:3] != "688":
                vol = min(context.portfolio.cash, g.per_inv)/price//100*100  #计算买入数量并取整百
            else:
                vol = min(context.portfolio.cash, g.per_inv)/price//200*200  #计算买入数量并取整百
            if vol > 0:
                order(sec, vol)
                log.info("买入股票:{}".format(sec))


def handle_data(context, data):
    pass
```

```python
def get_filter_limited_date_stocks(today, all_stocks):
    """获取当前交易日股票中的上市超过一年的股票"""
    today_date = datetime.strptime(today, "%Y%m%d")
    filter_listed_dict = get_stock_info(all_stocks, field = "listed_date")
    ret = []
    for code,v in filter_listed_dict.items():
        try:
            date = datetime.strptime(v["listed_date"], "%Y-%m-%d")
            if (today_date - date).days>365:
                ret.append(code)
        except:
            pass
    return ret

def get_filter_st_stocks(all_stocks):
    """过滤ST股票"""
    ret = []
    filter_st_dict = get_stock_status(all_stocks, query_type="ST")
    for code, is_st in filter_st_dict.items():
```

```
        if not is_st:
            ret.append(code)
    return ret
```

11.32、大市值策略

大市值策略的交易规则如下：

我们需要量化的指标是"公司市值"；操作对象是整个A股的股票（也可以用沪深300指数），然后从所有股票中选出市值最大的5家公司。在买入卖出方面，与小市值策略类似，买入5家市值最大的公司之后，如果这5家公司一直是市值最大的，就持有不动；如果出现了变化（例如持有的5只个股中，有1股票不是市值最大的了），就先卖出变化了的股票，再把市值最大的股票买回来，最后还是持有5只股票。

理清了交易规则之后，我们还是将其转换为电脑可运行的代码即可，策略代码如下所示。

```
'''
Author: 高顿量化
Version: 1.0.0
Date: 2025/01/01
'''
```

```python
from datetime import datetime
import numpy as np
import pandas as pd


def initialize(context):
    #用户可修改参数
    g.sec_code = "000300.SS"#"000028.XBHS" # 股票池(必须填入指数股票池) 默认：沪深300指数
    g.rebalance = False # 自动每日再平衡资金
    g.reblance_ratio = 0.96 # 1：表示取资金账户的所有资金；0.5：表示取资金账户的一半资金
    g.trade_amount = 20000 # 每只股票固定买入10万，与g.rebalance冲突，若要设定该选项，则将g.rebalance设置为False
    g.config = {
        'event_time': '9:35',    # 触发时间  可设置范围是09:30--11:29, 13:00--14:59
        'N':5                    # 持仓股票个数


    }


    run_daily(context, daily_event, time=g.config['event_
```

```
time'])  #设置触发时间

    log.info('日线大市值策略')
    log.info('')
    log.info('设置成功')
     log.info('交易触发时间: {}'.format(g.config['event_time']))


def before_trading_start(context, data):
    # 昨日持仓股票
    g.yst_hold = [v.sid for s, v in get_positions().items()]
    today = get_trading_day().strftime("%Y%m%d")
    # 获取股票池股票
    today_stocks = sorted(get_index_stocks(g.sec_code))


    # 1. 初步过滤
    # 1.1 过滤上市未满一年股票
     today_stocks = get_filter_limited_date_stocks(today, today_stocks)
    # 1.2 过滤ST股票
    today_stocks = get_filter_st_stocks(today_stocks)
```

```
today_list = sorted(today_stocks)
```

2. 获取流通市值
```
    data = get_fundamentals(today_list, table="valuation",
fields=["float_value"],
                date=today)
```

```
    factor = data["float_value"]
```
3. 从大到小排序，获取流通市值前N支股票
```
    factor_stocks=factor.sort_values(ascending=False).
index[:g.config["N"]].tolist()
```

```
    g.buy_stocks = factor_stocks
    g.sell_stocks = list(set(g.yst_hold) - set(g.buy_stocks))
```
昨日在股票池，今日不在股票池
```
    g.not_in_pool_stocks = list(set(g.yst_hold) - set(today_list))
```
今日股票池
```
    g.sec_list = list(set(g.not_in_pool_stocks) | set(today_list))
```

昨日已持仓，今日继续持仓的股票

```python
        g.hold_stocks = sorted(set(g.yst_hold) - set(g.sell_stocks))
        g.today_holds = sorted(set(g.buy_stocks) | set(g.hold_stocks))
      if len(g.today_holds)!=0:
        if g.rebalance:
            g.per_inv = context.portfolio.portfolio_value *g.reblance_ratio // len(g.today_holds) if len(g.today_holds)!=0 else 0
        else:
            g.per_inv = g.trade_amount
      else:
        g.per_inv=0




def daily_event(context):
    # 卖出不在股票池的股票
    for sec in g.not_in_pool_stocks:
        posInfo = get_position(sec)
        holdRet = posInfo.last_sale_price/posInfo.cost_basis-1 if posInfo.cost_basis!=0 else 0
        if posInfo.enable_amount>0:
```

```
        vol = posInfo.enable_amount
        if vol >0:
            order(sec, -vol)
                log.info("卖出不在股票池的股票:{}".format(sec))

    # 清仓：持有股票时监控昨日最低价是否低于下线，低于下线卖出。增加止盈止损
    for sec in g.sell_stocks:
        posInfo = get_position(sec)
        if posInfo.enable_amount>0:
            vol = posInfo.enable_amount
            if vol >0:
                order(sec, -vol)
                log.info("卖出股票:{}".format(sec))

    if g.rebalance:
        # 持仓股票再平衡
        for sec in g.hold_stocks:
            posInfo = get_position(sec)
            if posInfo.enable_amount>0:
                posInfo = get_position(sec)
                if sec[:3] !="688":
```

```
            vol_diff = ((g.per_inv - posInfo.amount *
posInfo.last_sale_price)/posInfo.last_sale_price)//100*100
        else:
            vol_diff = ((g.per_inv - posInfo.amount *
posInfo.last_sale_price)/posInfo.last_sale_price)//200*200
        if abs(vol_diff)>0:
            order(sec, vol_diff)
            log.info("持仓股票再平衡:{}".format(sec))

    # 买入模块
    for sec in g.buy_stocks:
        posInfo = get_position(sec)
        if posInfo.amount == 0:
            price = context.portfolio.positions[sec].last_sale_price
            if sec[:3] != "688":
                vol = min(context.portfolio.cash, g.per_inv)/price//100*100  #计算买入数量并取整百
            else:
                vol = min(context.portfolio.cash, g.per_inv)/price//200*200  #计算买入数量并取整百
            if vol > 0:
                order(sec, vol)
```

```
        log.info("买入股票:{}".format(sec))


def handle_data(context, data):
    pass


def get_filter_limited_date_stocks(today, all_stocks):
    """获取当前交易日股票中的上市超过一年的股票"""
    today_date = datetime.strptime(today, "%Y%m%d")
    filter_listed_dict = get_stock_info(all_stocks, field = "listed_date")
    ret = []
    for code,v  in filter_listed_dict.items():
        try:
            date = datetime.strptime(v["listed_date"], "%Y-%m-%d")
            if (today_date - date).days>365:
                ret.append(code)
        except:
            pass
    return ret
```

```python
def get_filter_st_stocks(all_stocks):
    """过滤ST股票"""
    ret = []
    filter_st_dict = get_stock_status(all_stocks, query_type="ST")
    for code, is_st in filter_st_dict.items():
        if not is_st:
            ret.append(code)
    return ret
```

11.4 "电脑验证"策略效果监测和反馈

11.41、小市值策略

打开 PTrade 体验版，在策略列表中找到"进阶实操作业——空白模板"，点击进入。

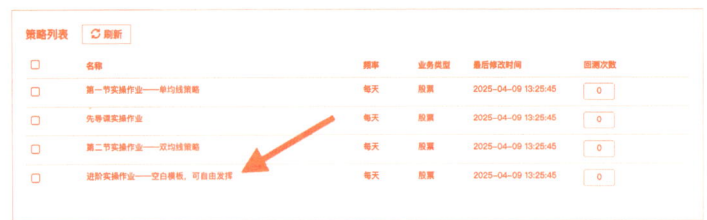

第 11 章 通过市值捕捉机会：大小市值策略

进入之后，将完整的小市值策略代码复制到空白模板中。

再来设置回测参数：回测周期为"2025-02-01 到 2025-02-28"，资金为"¥100 000"，频率为"分钟"。

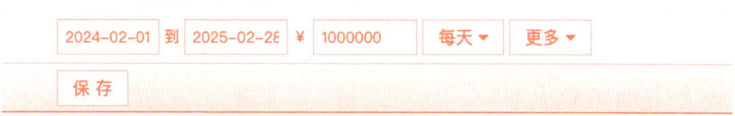

修改完成后，点击"保存"，再点击右上方的"运行回测"，稍等一下回测结果就会出来。策略运行结果具体如下所示。

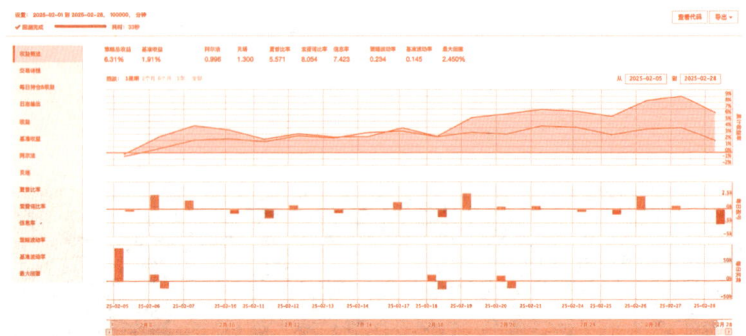

我们重点关注收益方面的结果。从图中可知，小市值策略总收益为 6.31%，而基准收益为 1.91%，策略收益远远跑赢大盘。再看回撤方面，策略的最大回撤只有 2.45%，最大回撤控制在收益的一半以下，表明策略在风控方面表现不错。整体而言，小市值策略的表现非常不错。

11.42、大市值策略

同样在 PTrade 体验版，我们将小市值策略代码替换成大市值策略代码。

参数不需要改动，回测周期仍为"2025-02-01 到 2025-02-28"，资金同样是"¥100 000"，频率仍为"分钟"。

修改完成后，点击"保存"，再点击右上方的"运行回测"，稍等一下回测结果就会出来。策略运行结果具体如下所示。

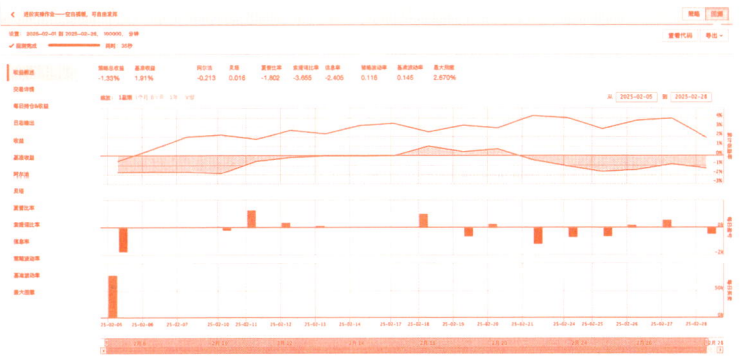

从收益来看,大市值策略总收益为-1.33%,而基准收益为1.91%,策略远远跑输基准收益。最大回撤为2.67%,虽然回撤不高,但在收益为负的情况下,最大回撤也没有太大意义了。

以上就是小市值、大市值策略的完整验证了。由此可见,在回测周期和资金相同的情况下,小市值策略和大市值策略的收益结果却是截然不同的。

11.5 章节总结

本章首先介绍了市值和股价,然后围绕"投资思想""交易规则"和"电脑验证"三大方向,系统讲解了市值策略。

(1)市值透视术:从万亿龙头到潜力小盘。

从理论上讲,市值是指一家上市公司在证券市场上的总价值。市值和股价的关系:受行情影响,市值会对股价造成影响。例如,2025年2月小市值股票表现较好,而大市值股票表现较差。

(2)"投资思想"策略构建的底层逻辑。

市值策略就是以市值判断作为核心去构建策略。例如,小市值策略就是以市值在100亿元以下的股票作为买入对象，而大市值策略是以市值在500亿元以上的股票作为买入对象。

(3)"交易规则"快速构建交易系统。

需要量化的指标是"公司市值"，操作对象是整个A股的股票（也可以用沪深300指数），买入卖出规则为"市值排名不变，则长期持有；市值排名变化，就进行更替"。

(4)"电脑验证"策略效果监测和反馈。

在回测周期（2025年2月）和资金（10万元）相同的情况下，小市值策略的效果显著优于大市值策略。

小白充能站 ▶▶

市值策略注意事项

在应用市值策略时，如果我们不根据行情去选择策略，而从周期较长的角度来看，往往使用小市值策略会更有优势。

为什么小市值策略会更有优势呢？下面以可以代表大部分小市值个股的万得微盘股指数为例展开讲解。根据 Wind 数据，以万得微盘股指数的涨幅作为样本，在 2015 年 1 月 1 日至 2024 年 12 月 31 日这 10 年里，万得微盘股指数的涨幅高达 1 156.85%，年化收益率高达 29.73%。

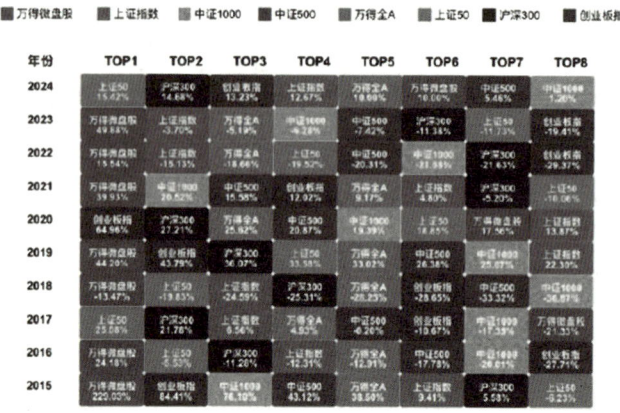

从图中可见，过去 10 年间，除了 2017 年、2020 年和 2024 年，万得微盘股指数在其余 7 个自然年度中涨跌幅均位列第一；而除了 2017 年和 2018 年，万得微盘股指数更是在其余 8 年里涨跌幅均为正。

第 11 章 通过市值捕捉机会：大小市值策略

那么，为什么万得微盘股指数的表现会这么好呢？其实，这主要与小市值股票的优势有关。

根据 Wind 数据，截至 2025 年 3 月 28 日，万得微盘股指数成分股总市值最大为 42.69 亿元，最小为 7.67 亿元，平均值为 18.87 亿元，中位数为 19.08 亿元。牛市里，资金进场，小盘股因其市值小，上涨弹性更大；而在熊市里，价值、成长等估值均会回落，但小盘股因为盘子小、抛压轻，更可能被活跃资金关注。

在使用小市值策略时，我们需要注意在某些时间点或某些环境下最好先暂停运行小市值策略，具体如下所示。

（1）当市场行情明显偏向价值股时，不要运行小市值策略。例如在 2017 年，这是市场特别注重价值投资的一年，万得微盘股指数涨幅在 8 个指数中居倒数第一。

（2）遭遇极端行情时，不要运行小市值策略。例如在 2015 年股灾，由于小市值个股市值太小，很容易出现流动性问题。

（3）在个股财报披露前夕，可暂时停止运行小市值策略。历史数据显示,在历年1月、4月和12月,微盘股的月度上涨次数占比显著低于其他月份;从上涨幅度来说,近10年只有1月和4月的平均涨幅为负。

微盘股4月份表现不佳,主要原因如下:4月通常是上市公司年报和一季报的集中披露期,因此4月下旬成为业绩暴雷的高发期。对于小市值公司而言,业绩波动明显高于大公司,因此容易受到财报披露期的冲击。另外,近年来退市政策持续趋严,也使得小微盘股面临退市风险提升,使其受到退市制度和监管政策的影响。

第 12 章

PTrade 专业版实战手册

股市有风险,入市需谨慎。书中提到的所有案例和收益仅作参考,主要以教学为目的,不构成收益保证。

简单回顾一下,截至目前我们共学习了 7 个策略,分别是单均线策略、双均线策略、一阳穿三线策略、一阳穿三线叠加均线策略、海龟交易法、MACD+KDJ 策略、市值策略。在这 7 个策略中,建议大家重点关注海龟交易法,它是核心中的核心,也是最能体现量化交易优势的策略。

本章中,我们将踏上新的旅程,系统学习 PTrade 专业版。

12.1 快速上手：专业操盘手界面揭秘

PTrade 专业版总共有五大模块，分别是行情模块、交易模块、工具模块、量化模块和日内模块。其中，日内模块使用得不多，在本章中不展开讲解。

12.11、行情模块

当我们登录 PTrade 专业版，首先映入眼帘的是行情模块。

行情模块，即专门用来看股市行情的地方，提供指数的行情（如上证指数、深证成指）和个股的行情。例如，输入"601318 中国平安"，然后按下回车键确定，就能看到601318 中国平安的分时图。PTrade 的行情模块与其他炒股软件没有太大的区别。

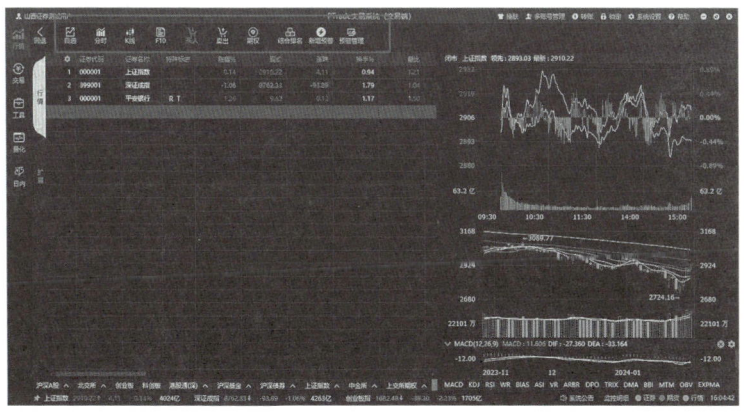

12.12、交易模块

交易模块是用来进行股票交易的地方。需要明确的是，这里的股票交易是指"普通交易"。交易模块的核心是这个"小框"，在这里选好个股、确定买入或卖出并输入相应数量，就可以进行交易了。例如，在输入框中，将证券代码设置为"601318 中国平安"，委托方向选择"买入"，委托价格设为"43 元"委托数量设为"100 股"。

最后点击"买入"，就能进行买入操作；交易之后，可在输入框右侧看到委托、成交情况，以及资金的使用情况、持仓情况等。

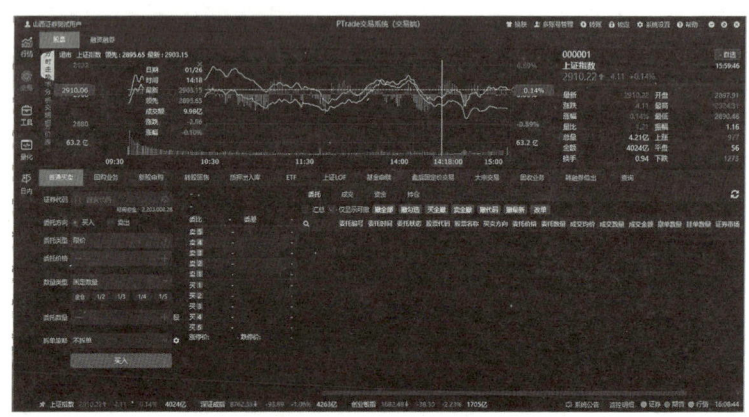

12.23、工具模块

工具模块提供多种常用交易工具，如网格交易、篮子交易、追涨停等。

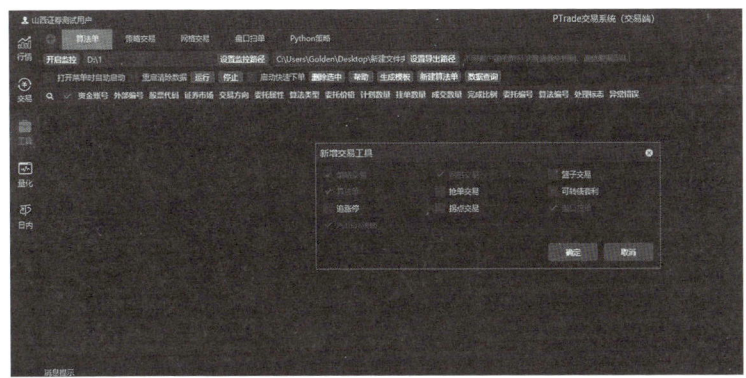

12.14、量化模块

量化模块，即用来进行量化交易的模块，包括研究、回测、交易、帮助四个细分功能。量化模块是 PTrade 专业版的核心，也是它区别于其他炒股软件的主要特征。量化交易的学习、研究与实盘操作，都会在量化模块中进行。量化模块的具体内容会在后续章节中详细讲解。

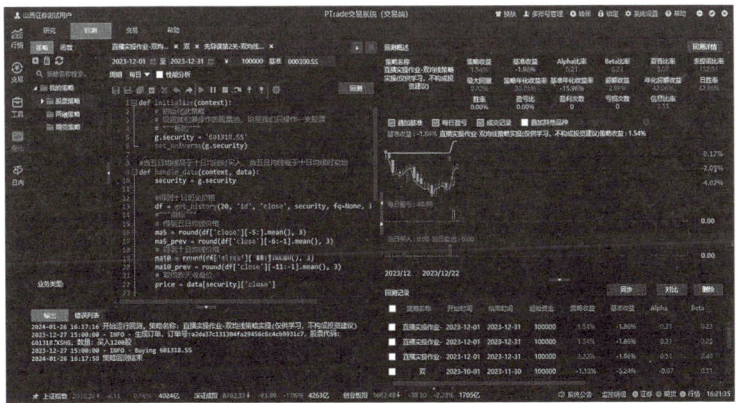

12.2 盯盘黑科技：异动预警＋智能画线

PTrade 专业版中，行情模块是专门用来查看股市行情的地方，涵盖指数行情和个股行情。

行情模块包括自选、分时、K 线、F10、买入、卖出、期权、综合排名、新增预警、预警管理等功能项。

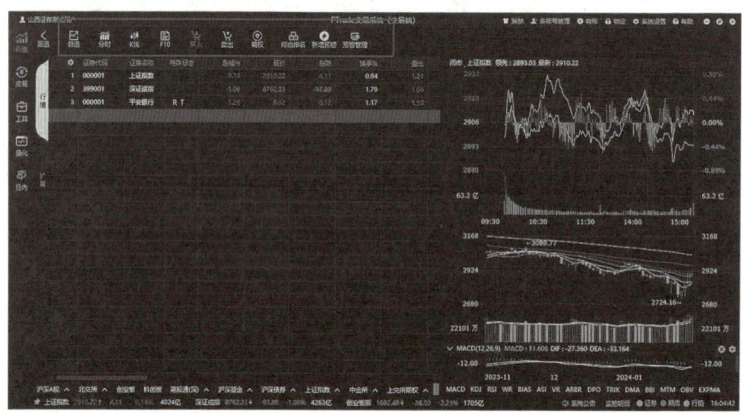

12.21、自选功能

自选功能用于查看自选股，我们可以把平常看好的个股加入自选。

例如，输入"601318 中国平安"，按下回车键确定，就能看到中国平安这只个股。点击右上角的"自选"，可将中国平安添加到自选股中，之后每次打开自选都能看到中国平安这只个股。此外，用鼠标右键点击个股，选择"删除自选股",就可以把这只个股删除。删除的下方还有一个"板块",可将其理解为另一个自选,我们可以在此建立自己的板块,选中个股后,用鼠标右键点击,可以看到"加入板块股",点击后即可新建自己的板块。

12.22、分时功能

分时功能用于查看分时图,涵盖指数和个股的分时图走势。

除此之外,用户还可在分时功能中进行以下操作。点击鼠标右键,可以看到"开启集合竞价""切换坐标""反转坐标""叠加品种""显示持仓成本线""所属板块"和"画线工具"6个功能选项,具体如下所示。

开启集合竞价:用于查看集合竞价;不想查看时取消勾选即可。

切换坐标、反转坐标:主要用于调整分时图的展现方式。

叠加品种:在分时图中同时查看其他个股或板块的分时。

所属板块:用于显示个股所在的板块;双击某个细分板块,还能看到板块中的具体个股。

画线工具:用于辅助画线,像通道线、压力位、周期线等工具均在此选取。

12.23、K线功能

K线功能支持查看K线图，用户可选择不同周期（如日线、周线、60分钟线等）和各类指标（如MACD、KDJ、RSI等）。

除此之外，我们还可以在K线功能中执行以下其他操作。点击鼠标右键，可以看到"缺口""复权处理""主图线型""叠加品种""反转坐标""所属板块"和"画线工具"7个选项。其中，"叠加品种""反转坐标""所属板块"和"画线工具"已在分时功能中提及，此处不再赘述。这里主要讲解"缺口""复权处理""主图线型"这3个操作，具体如下所示。

缺口：即股票出现跳空的地方，一般缺口的出现意味着趋势反转或者趋势加速，对个股的走势非常重要。点击"缺口"，可以选择1~5个缺口，软件上会按照时间来显示缺口的位置。

复权处理：提供前复权、后复权、不复权三种选择。复权对历史价格进行调整，用于反映股票分红、拆股等因素，使得价格连续性不受影响；后复权则是在当前价格基础上进行调整，保持未来数据的真实性；不复权则不对历史价格进行任何调整，直接展示原始交易数据。

一般情况下，在复权处理中多选择不复权。

主图线性：支持选择不同图表样式来展示行情的走势，包括蜡烛图、美国线、收盘线、宝塔线等，其中蜡烛图是日常使用的首选。

12.24、F10 功能

F10 功能用于展示公司基本面信息，涵盖公司的业绩数据、财务情况，以及相关热点新闻、重要公告等。

点击"F10"，可以看到"最新动态""公司资料""股东研究""经营分析""股本结构""盈利预测""新闻公告""主力持仓""财务状况""分红融资""公司大事"和"行业对比"12 个栏目。日常中，我们使用较多的是"最新动态""财务状况""新闻公告"这 3 个栏目，具体如下所示。

最新动态：展示公司关键资讯的摘要，提供公司的市盈率、市净率、总市值等数据，以及近期的重要事件等。

财务概况：汇总公司的财务数据，包括净利润、营收、销售毛利率等数据，以及季报、半年报、年报等财务报表。

新闻公告：主要展示公司的热点新闻和最新公告，基本涵盖公司所有公告。

12.25、买入和卖出功能

买入和卖出功能在系统中又称为"闪电下单",主要用于实现对个股的快速操作。需要注意的是,如果不是自己持有的股票,则无法进行卖出操作的;而买入是没有限制的。

12.26、期权功能

期权功能用于操作期权交易,它关联着股指期权市场,点击"期权"后,可以看到股指期权的价格和行权价,如创业板、沪深 300 指数、500ETF 的期权等。

12.27、综合排名功能

综合排名功能提供当天市场个股的排名,显示市场和个股的变化情况,具体包括有涨 / 跌幅排名、振幅排名、快速涨 / 跌幅排名、今日成交额排名等 9 个排名。

12.28、预警设置功能

新增预警和预警管理可以看作同一个功能,即对个股设置预警,当个股达到某个价格,或是个股达到某个涨 / 跌幅,会出现预警提醒。

12.3 快速实现交易：新股/ETF/逆回购一键通

交易模块是专门用来进行交易的地方，除了交易股票，该模块还支持新股申购、基金赎回、ETF 交易等多种操作。

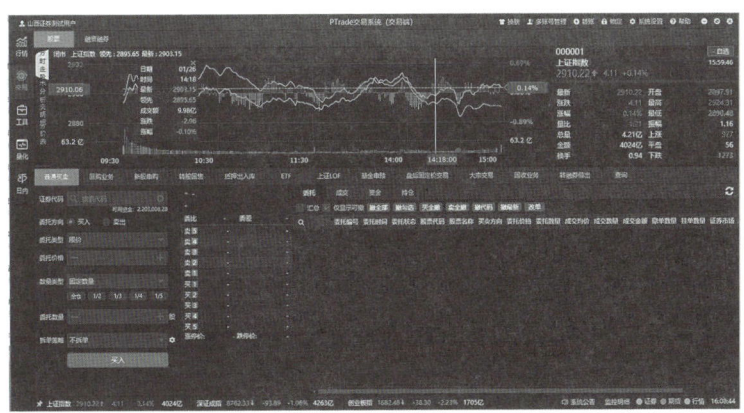

交易模块分为"股票"和"融资融券"两个细分模块。其中，"融资融券"模块需要先在券商开通相关权限，门槛较高，这里暂不作介绍；"股票"模块则提供普通买卖、回购业务、新股申购、转股回售、质押出入库、ETF、上证 LOF、基金赎回、盘后固定交易等 13 个功能，每个功能代表不同的产品或者业务。

12.31、普通买卖功能

打开"普通买卖"，可以看到下方有一个输入模块，在这里输入证券代码，选择委托方向，就可以进行操作。注意，在委托类型上，有选择限价、对方最优价格等 5 种方式，也可直接输入委托价格进行买卖，然后再填好数量，点击买入 / 卖出即可进行交易。

12.32、回购业务功能

回购业务功能主要用于债券逆回购。打开"回购业务"，可以看到供选择的具体债券，如 204001 就是"一天期"的国债。用户可选择不同回购期限的债券进行逆回购。

12.33、新股申购功能

新股申购功能主要用于申购新股和新债，此外它还能查询可申购的额度、申购的配号、是否有中签等。

12.34、ETF 功能

ETF 功能用于辅助 ETF 基金交易。打开"ETF"，在左侧的买卖操作框中，"申购"就是买入，"赎回"就是卖出。

12.35、查询功能

查询功能用于查看用户的持仓和操作情况。打开"查询",可以看到持仓和最近的操作,以及历史成交数据、交割单等交易相关数据。

12.4 多种实用工具:打板 / 网格 / 套利八大武器

工具模块提供策略交易、网格交易、篮子交易、抢单交易、可转债套利、追涨停、拐点交易、盘口扫单 8 个交易工具。

12.41、策略交易工具

策略交易工具提供定时买单、价格买单、移动止盈、涨跌幅策略等功能,帮助我们在特定的时间、条件下快速完成交易,以及锁定利润、控制损失等。当然,策略交易工具还有很多其他功能。例如,价格埋单,就是当价格到达我们设定的位置后进行交易,这和定时埋单类似;移动止盈止损策略,就是当当价格上涨或下跌达到一定百分比时执行卖出操作;跌幅与移动止盈止损策略类似,当个股的涨跌幅达到设定的目标时执行买入 / 卖出操作;日均线策略,就是根据日均线的方向进行操作,方向可选择向上或向下。

12.42、网格交易工具

网格交易工具可以根据行情的波动,程序化自动进行高抛低吸操作。

很多股票软件都有网格交易功能,但相较于其他交易软件,PTrade 的网格交易不仅支持图形化网格交易参数设置,还拥有多种加减仓方式。

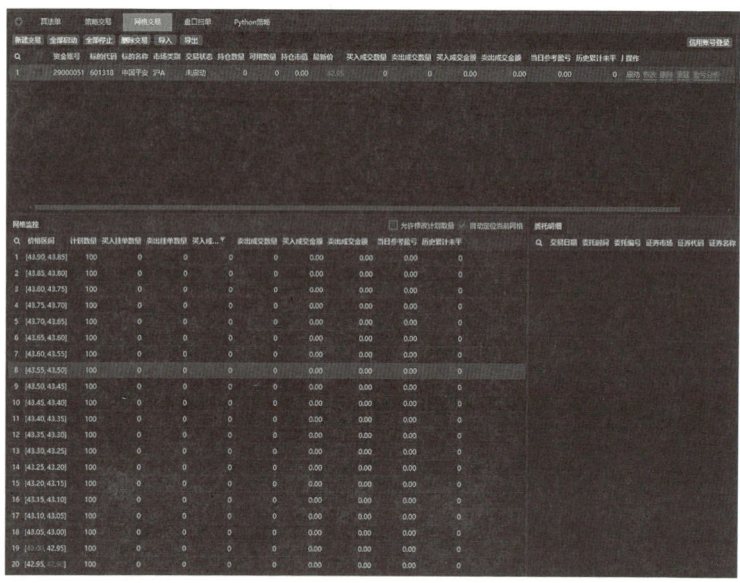

12.43、篮子交易工具

篮子交易工具可以让用户新建一篮子股票,或是直接导入 ETF 成分股,然后进行批量下单操作,还可以控制篮子委托的进度,查看篮子个股信息、个股委托情况等。

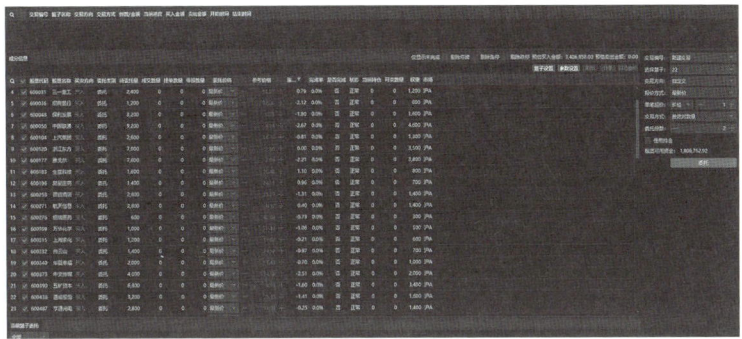

12.44、抢单交易工具

抢单交易工具可以根据设置的个股涨幅条件，自动监控全市场所有股票。当个股涨幅达到设置的条件时，自动将个股筛选出来，用户可以选择个股进行快捷下单。抢单交易工具主要用于操作强势股，当个股出现快速拉升时，用户可以用抢单交易来进行快速操作。

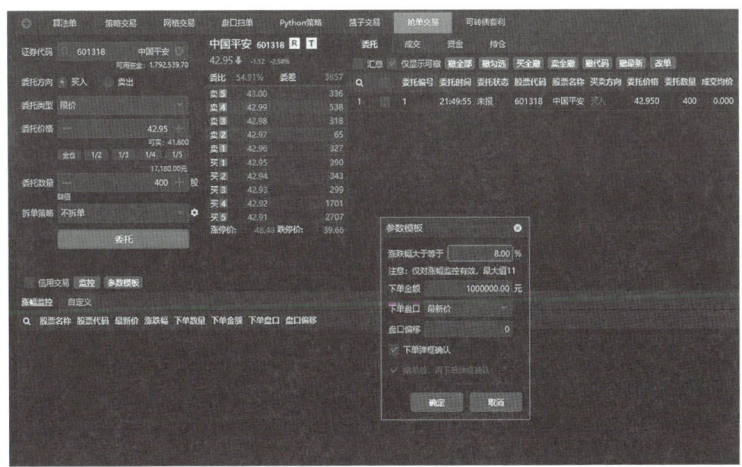

12.45、可转债套利工具

可转债套利工具可以自动监控可转债的转股价值、溢价率等指标，让用户快速了解可转债是否有套利的空间。此外，可转债套利工具还可以对转股期内的可转债进行一键买入加转股操作，提高用户操作可转债的效率。点击"可转债套利"，即可看到市场上所有可转债的信息，如转股价值、溢价率等。

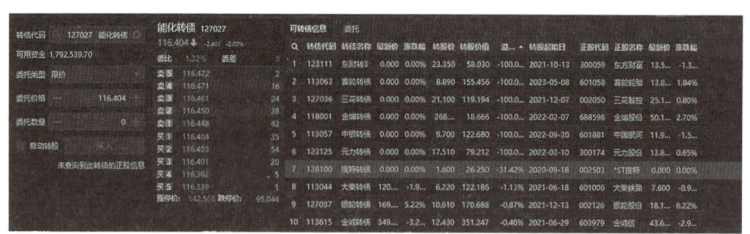

12.46、追涨停工具

追涨停工具可以通过监控个股的涨停时间和封单数量来进行追涨停操作。此外，它还可以根据封板后的成交量、封单量等因素，判断是不是真正的涨停，从而决定是否撤销追入的委托。追涨停工具主要用于操作"打板"，适用于平常喜欢操作强势股、打板的用户。

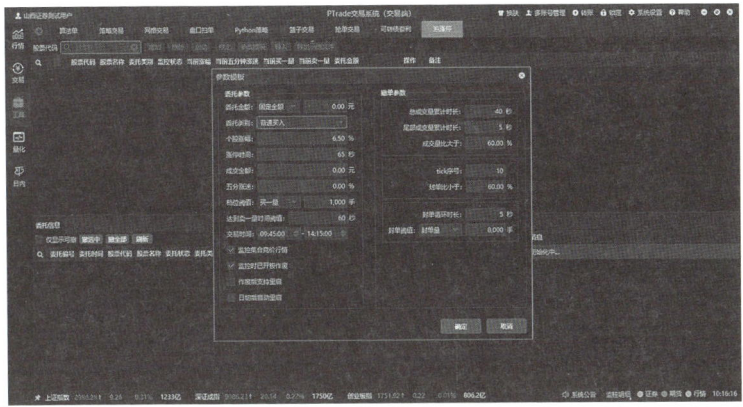

12.47、拐点交易工具

拐点交易工具可以根据用户的设置，自动检测股票行情拐点并触发交易，在行情出现反转时立刻进行交易，达到快速锁定利润的目标。

12.48、盘口扫单工具

盘口扫单工具可以在市场可能出现反转行情或方向明确时，对目标股票按照盘口比例分批买入。

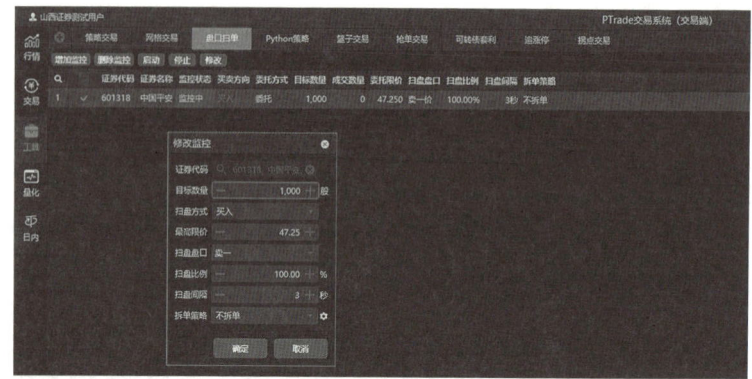

12.5 量化交易中枢：多策略并行管理与风险控制

量化模块是 PTrade 软件的核心，后续正式的量化交易就是在这里进行。量化模块分为研究、回测、交易和帮助四个功能，这四个功能都非常重要。

12.51、帮助功能

帮助，就是帮助文档，可以将其理解为一本字典，它可以帮助我们进行量化交易，里面有很多各种策略和代码，以及代码的使用方法，遇到的问题都可以在帮助文档中查找。在打造自己的策略时，可以在帮助文档中查看是否有现成的代码，以便于直接复制使用。例如，双均线策略、MACD 策略等策略的代码均可直接复制。

第 12 章　PTrade 专业版实战手册

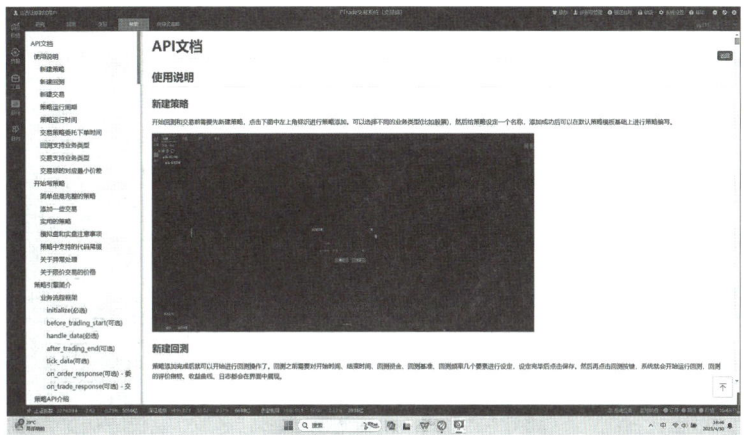

12.52、回测功能

回测功能，用于对量化策略进行回测，分为策略编写模块和回测结果模块。

在策略模块中，我们可以对策略进行修改，如选择回测的时间、金额和周期，然后点击"回测"按钮，就可以进行回测了。注意，如果需要添加新的策略，点击左上方的加号即可。

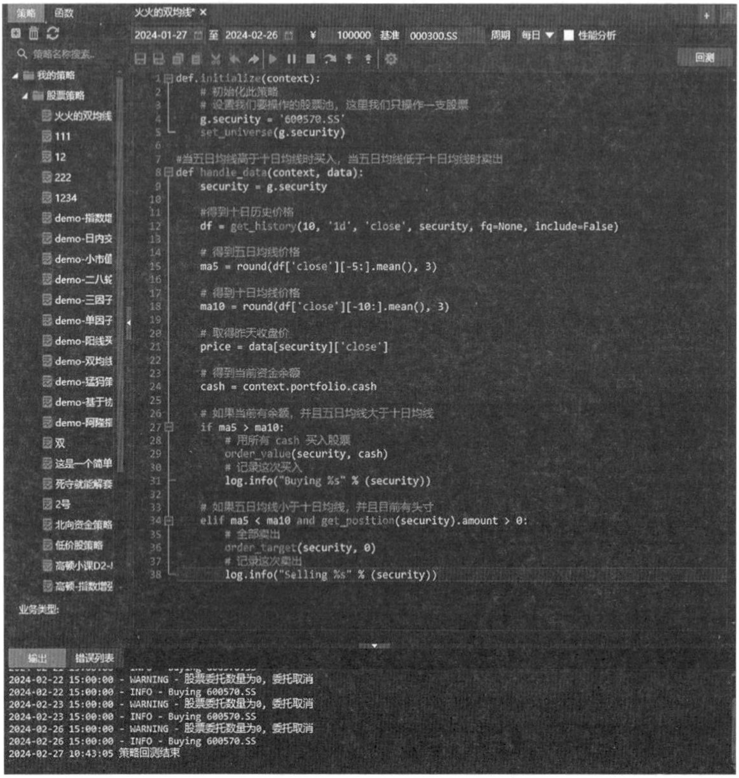

回测结束后,在策略篇写区下方会有"输出"和"错误列表"模块。"输出"模块用来展示策略运行的情况,例如策略运行之后,在什么时间进行了什么操作。如上图所示,在运行双均线策略后,"输出"模块显示 2024 年 2 月 21 日进行过交易,后面都是委托取消。而"错误列表"模块会直接指出策略出现的问题,当策略无法运行时,我们可以从"错误列表"中找到出错的地方,然后进行修改。上图中的策略运行正常,所以"错误列表"中没有内容。

再看回测结果模块。回测结果模块主要用于分析策略回测的结果。以双均线策略为例,运行双均线策略的回测结果如下所示。

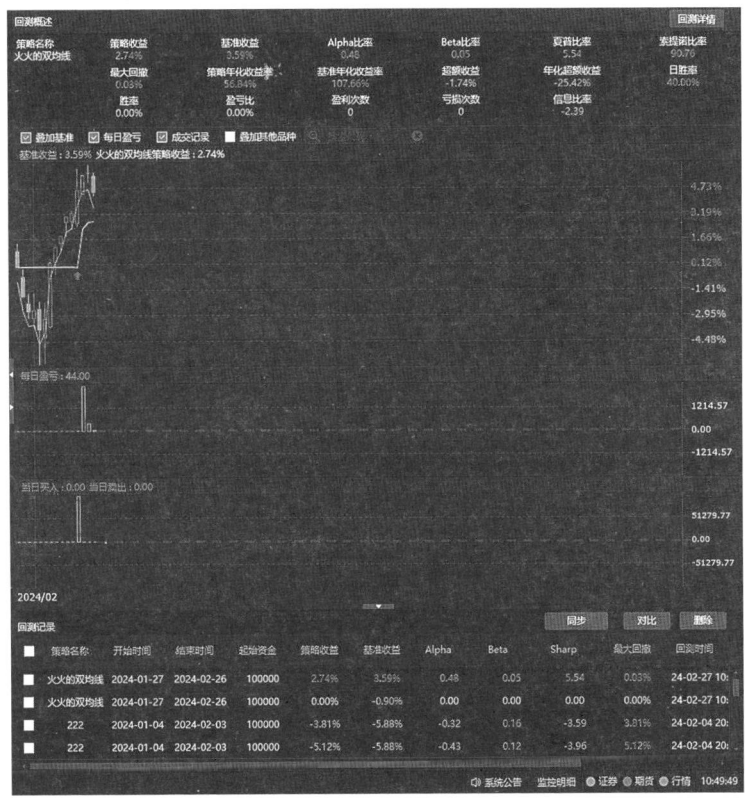

回测结果包括许多不同的指标。其中,策略收益、基准收益和最大回撤是比价常用的指标。策略收益,反

映策略在选定时间内能够获取的收益；基准收益，指同一时间段内沪深 300 指数的收益；最大回撤，表明策略在选定时间内可能出现的最大亏损情况。此外，还有策略年化收益、基准年化收益，反映策略和沪深 300 在年内的收益情况。其他指标的解释和应用具体如下所示。

指标	指标的解释	指标的应用
Alpha 比率	一个用来衡量投资组合或基金的超额收益能力的指标。它告诉我们一个投资组合相对于市场平均水平是否表现出色	如果一个投资组合或基金的 Alpha 值为正，说明它在同类投资中取得了超过市场平均水平的回报。这个指标越高越好
Beta 比率	一个用来衡量投资组合或股票的价格波动相对于整个市场的指标。它告诉我们一个投资是否会随着市场的涨跌而波动	如果一个投资或股票的 Beta 值为 1，说明它与整个市场走势基本一致；如果 Beta 值大于 1，说明它更容易受到市场波动的影响；如果 Beta 值小于 1，则表示它相对稳定，不太受市场波动影响
夏普比率	一个用来衡量投资组合或基金的风险调整回报的指标	如果一个投资组合或基金的夏普比率较高，意味着它在获得回报时承担了较低的风险；反之，如果夏普比率较低，则表示它在获得回报时承担了较高的风险
索提诺比率	一个用来衡量投资组合或基金相对于承担的波动风险所获得的超额回报的指标。它告诉我们一个投资在承担风险时是否能够获得更高的回报	如果一个投资组合或基金的索提诺比率较高，意味着它在获得超额回报时承担了较低的波动风险；反之，如果索提诺比率较低，则表示它在获得超额回报时承担了较高的波动风险

续表

指标	指标的解释	指标的应用
超额收益	是指一个投资组合或基金相对于市场平均水平所获得的额外回报。它告诉我们一个投资是否能够在市场中表现出色，比其他人赚更多的钱	如果一个投资组合或基金的超额收益较高，意味着它在市场中获得了更多回报；反之，如果超额收益较低，则表示它在市场中表现不如其他投资
年化超额收益	是指一个投资组合或基金相对于市场平均水平在一年内所获得的额外回报。它告诉我们一个投资在一年内相对于其他人赚取了多少额外的钱	如果一个投资组合或基金的年化超额收益较高，意味着它在一年内相对于市场平均水平获得了更多回报；反之，如果年化超额收益较低，则表示它在一年内表现不如其他投资
日胜率	是指一个投资策略或交易系统在一段时间内获得正收益的比例。它告诉我们一个投资策略或交易系统有多大的概率在每天进行交易时赚钱	如果一个投资策略或交易系统的日胜率较高，意味着它有更大的概率在每天进行交易时获得正收益；反之，如果日胜率较低，则表示它在每天进行交易时获得正收益的概率较小
胜率	是指一个投资策略或交易系统在一系列交易中获得盈利的比例。它告诉我们这个投资策略或交易系统有多大的概率能够赚钱	如果一个投资策略或交易系统具有较高的胜率，意味着它有更大的概率在每次进行交易时获得盈利；相反，如果胜率较低，则表示它在每次进行交易时获得盈利的概率较小
盈亏比	是指在一次交易中，预期盈利与预期亏损之间的比例关系。它告诉我们在投资中，我们期望赚取多少钱相对于可能失去多少钱	如果一个交易具有较高的盈亏比，意味着预期收益相对于可能损失较大；相反，如果盈亏比较低，则表示预期收益相对于可能损失较小

续表

指标	指标的解释	指标的应用
盈利次数	是指在一系列交易中获得盈利的次数。它告诉我们一个投资策略或交易系统在多次交易中有多少次能够赚钱	如果一个投资策略或交易系统具有较高的盈利次数,意味着它在多次进行交易时有更大概率获得盈利;相反,如果盈利次数较低,则表示它在多次进行交易时获得盈利的概率较小
亏损次数	是指在一系列交易中发生亏损的次数。它告诉我们一个投资策略或交易系统在多次交易中有多少次会失去钱	如果一个投资策略或交易系统具有较低的亏损次数,意味着它在多次进行交易时较少发生亏损;相反,如果亏损次数较高,则表示它在多次进行交易时更容易发生亏损
信息比率	用来衡量投资者在做出决策时所使用的信息相对于风险的关系。它告诉我们一个投资决策所依据的信息质量和可靠性	如果一个投资决策具有较高的信息比率,意味着它所依据的信息相对于风险更为可靠和准确;相反,如果信息比率较低,则表示该投资决策所依据的信息可能不太可靠或者不足以应对风险

在回测指标下方,显示了选定时间段内个股的走势情况,以及买入、卖出的操作情况。其中,红色向上的箭头代表买入,绿色向下的箭头代表卖出。如下图所示,我们把策略回测周期放长,可以看到很多红色和绿色箭头,这些就是买入和卖出的标识,表明策略在这段时间内所进行的交易情况。

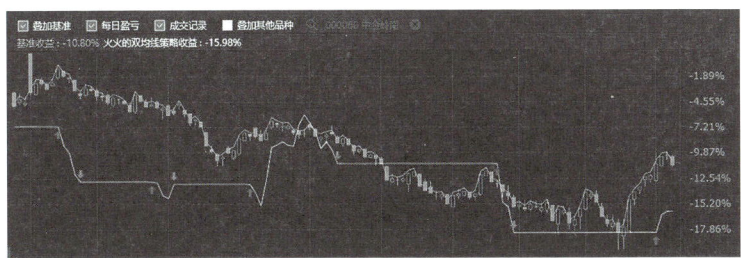

最后是回测记录。在回测记录中，我们可以查看之前进行过的回测情况。如果想要查看更详细的回测数据，如每日的持仓情况，交易详情等，可以点击右上方的"回测详情"进行查看。此外，回测记录也可以看作交易日志，点击"导出"即可看到策略具体的运行情况，比如何时买入、卖出等。

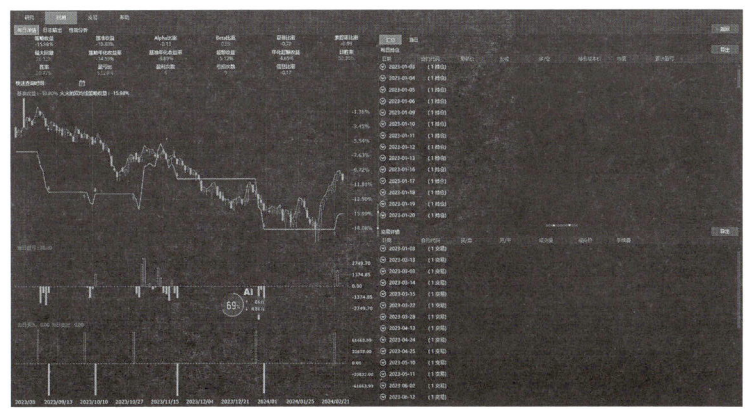

12.53、交易功能

交易功能，用于运行策略来进行交易。交易功能的版面与回测功能差不多，如策略编写区、指标区域都相差无几，两者最大区别就交易功能多了"账户信息"和"交易列表"模块，少了"回测"按钮。

账户信息主要展示账户的具体情况，如总资产额、可用资金额等。

交易列表主要展示在运行的策略，它还有新增、停止、删除、上传策略和刷新 5 个功能。具体来说，新增，就是新增要运行的策略；停止，就是停止策略的运行，如果策略在进行交易，我们勾选策略后，再点击"停止"让策略停止运行；删除，就是删除策略，可直接删除交易列表中的策略；上传策略，就是上传我们电脑中的策略；刷新，就是刷新当前的策略运行情况。需要注意的是，如果我们要添加策略，需要先在回测中添加，然后才可

以在交易功能中使用。在交易功能界面的右边，会显示交易的具体情况，

12.54、研究功能

研究环境，顾名思义就是专门用来研究策略的功能，可以将其理解为 Python 编程环境。在研究环境中我们可以研究策略并进行编程。

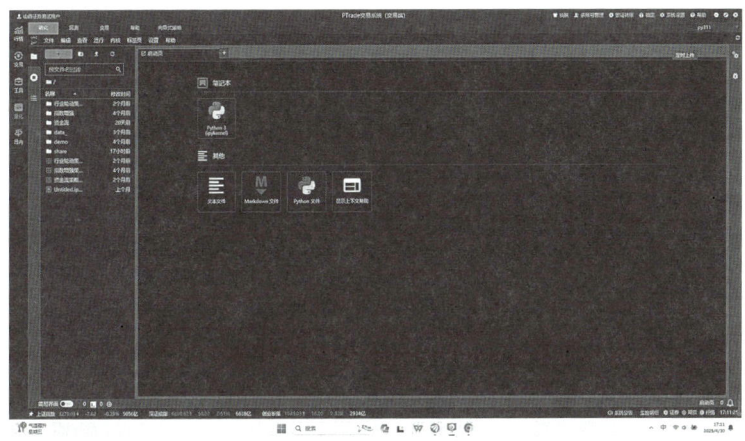

研究环境是非常重要的。尤其是在研究策略时，如果没有研究模块，很多策略只能在回测中运行，需要等待回测完成后才能知道策略有没有错误，效率较低；而在研究环境中，输入策略后，只需点一下"运行"，就能知道策略有没有发生错误，大大提高研究策略的效率。

12.6 章节总结

本章中，我们主要学习了 PTrade 专业版的相关内容。

（1）私募圈都在用的量化交易"神器"。

PTrade 专业版拥有数据信息精准全面、回测模拟功能完备、可自动化实盘交易这三大优势。

（2）快速上手：专业操盘手界面揭秘。

PTrade 专业版总共有五大模块，分别是行情模块、交易模块、工具模块、量化模块和日内模块。其中，量化模块是 PTrade 专业版的核心，也是它区别于其他炒股软件的主要特征；而日内模块使用不多，在本章中不展开讲解。

（3）PTrade 四大模块详细讲解。

行情模块用于查看股市行情，涵盖指数行情和个股行情。

交易模块是专门用来进行交易的地方，除了交易股票，该模块还支持新股申购、基金赎回、ETF 交易等多种操作。

工具模块提供多种常用交易工具，包括策略交易、网格交易、篮子交易、抢单交易、可转债套利、追涨停、拐点交易、盘口扫单。

量化模块分为研究、回测、交易和帮助四个功能，这四个功能都非常重要。

> **小白充能站** ▶▶
>
> ### PTrade 介绍
>
> PTrade 是一款由上市公司恒生电子开发的面向高净值个人客户及专业机构的量化交易软件，提供一体化智能交易终端，支持多种交易功能和个性化工具，适合高效、便捷的交易需求。
>
> 核心功能包括程序化策略交易、日内回转交易、普通交易和策略模型交易等。它支持多种编程语言，提供客户端、服务器和 API，能够满足不同用户的交易需求。此外，PTrade 还支持普通股票资金账户、融资融券和期权账号的交易；PTrade 提供全品种行情展示，涵盖沪深 A 股、指数、基金、债券、期权、期货等多种资产类别。

> PTrade目前通过与券商合作的方式提供，用户需通过特定途径（通常为券商）申请开通。注意，不同的券商开通PTrade使用权限的门槛有所差异，且开通及后续使用的费用也不同。

第 13 章

Tushare 数据库：
金融数据库全解析

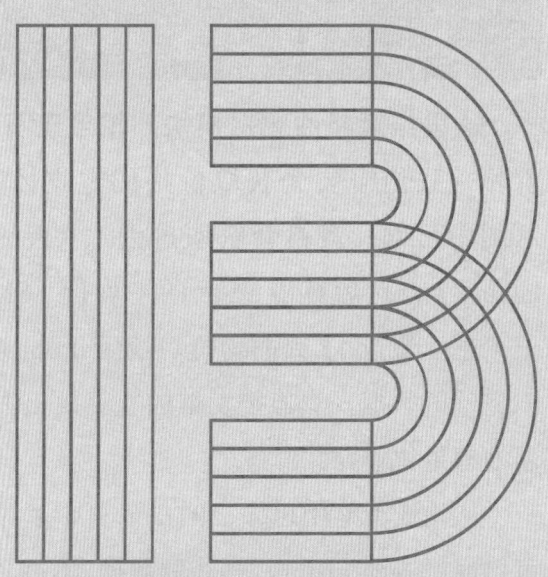

股市有风险，入市需谨慎。书中提到的所有案例和收益仅作参考，主要以教学为目的，不构成收益保证。

本章中，我们将在 PTrade 专业版的基础上，学习一个非常实用的数据库——Tushare 数据库。

这里我们先来讲讲"数据"。在量化操作中，数据是非常重要的组成部分，如果缺少了数据的支撑，再好的策略都运行不了。以双均线策略为例，虽然均线策略的逻辑很简单，无非就是"金叉买、死叉卖"，但它也需要先获取收盘价的数据来计算均线，再去分析均线的交叉情况。均线策略已在前文讲过，策略代码如下所示。

```
 9  def handle_data(context, data):
10      
11      period = 720
12      
13      
14      n = 15
15      
16      
17      his = get_history(period, '1d', 'close', security_list=g.security, include=True)
18      
19      his['SMA']=his.close.rolling(n).mean()
20      
21      his['close']=his.close
22      
23      his.dropna(inplace=True)
24      
25      position=get_position(g.security).amount
26      
```

这里是策略的数据模块，相当于每天去菜市场抄价格，我们需要先获取价格的数据才能进行操作。从图中可知，策略会获取过去 720 天的收盘价（get_history），然后算出 15 天的平均价（SMA），这就像记下土豆最近 15 天的均价。最后 dropna 这一步是去掉不完整的数据，类似把发霉的土豆挑出去，以保证计算用的都是"新鲜"价格。

从均线策略中可知，PTrade 自带了一些数据，我们可以通过"get_history"来获取数据。不过，需要注意的是，虽然 PTrade 自带许多的数据，但一些特殊的数据是没有的。例如，量化交易中比较经典的资金流策略，是根据每天大资金流入和流出的情况，来决定买入和卖出的操作；而 PTrade 中并没有自带大资金的数据，如果没有大资金的数据，即便做好了大资金的策略也无法进行操作。对于 PTrade 没有的数据，我们该如何获取呢？其实很简单，只要使用 Tushare 数据库就可以实现了。

那么，什么是 Tushare 数据库？我们要如何使用 Tushare 数据库呢？

13.1 揭开 Tushare 面纱：机构级金融数据中枢

Tushare 数据库是一个专门用于存储和管理金融市场数据的平台。在这个平台上，我们可以查询和获取股票、基金、期货等各种金融产品的数据，包括价格、交易量、公司财务报表等。

至于具体可以查询到哪些信息，大家可以登录 Tushare 数据库官方网站（http://221.204.19.233:7173/document/1）查看，里面有比较详细的介绍。

在 Tushare 数据库的官网中，我们可以看到右上角有"平台介绍"和"数据接口"两个选项。

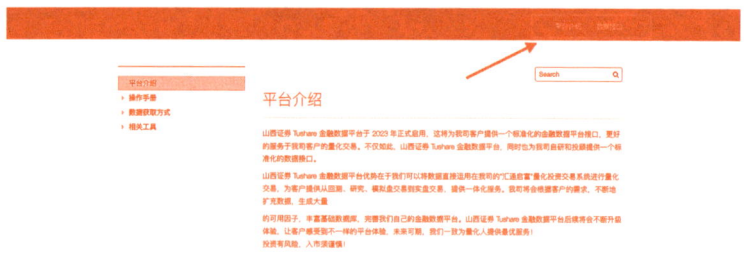

先来看"平台介绍"。这里主要讲解了山西证券与 Tushare 数据库的合作，我们简单了解即可。

重点来看"操作手册"。其中，"调取数据"是重要内容，我们后面会根据这里的内容进行实操演练；而数据接口，则会展示 Tushare 数据库储存的股票信息，包括沪深股票、指数、公募基金、期货、期权等，我们可以逐个点击来了解其中的信息，也可在右上角的搜索栏直接搜索感兴趣的信息。

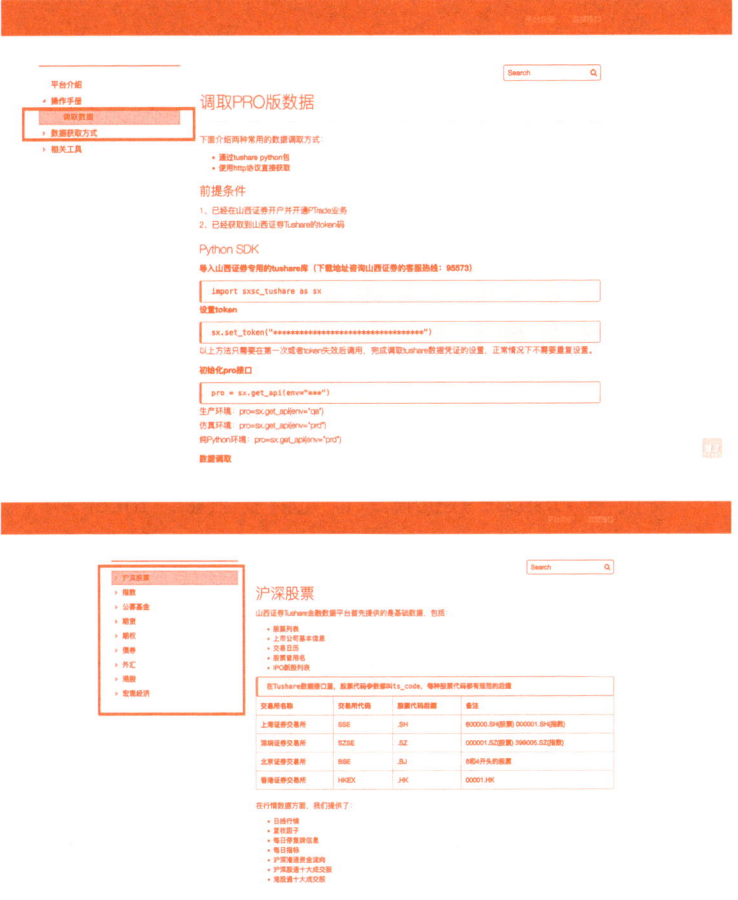

以北向资金为例，我们在右上角的搜索栏输入"北

向资金",点击搜索,就能检索到"北向资金"的接口和使用方法了。

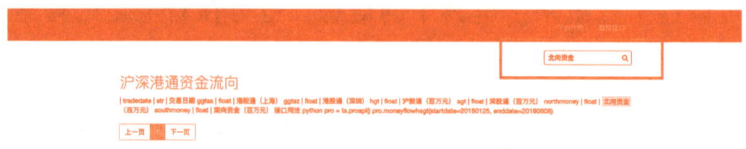

以上就是 Tushare 数据库的简单介绍了,更多详细内容大家可登录官网查看。下面,我们来学习如何使用 Tushare 数据库。

13.2 三步解锁数据宝藏:从 API 调用到北向资金追踪

要使用 Tushare 数据库,首先需要获取"token 码",它就像一把打开 Tushare 数据库的钥匙。

那么,在哪里可以获取"token 码"呢?一般情况下,我们需要在 Tushare 官方付费购买会员来获取"token 码",不过,部分券商(如山西证券)与 Tushare 有合作,在券商开户后也能获得"token 码",可直接在 PTrade 上使用 Tushare 数据库。拿到 token 码之后,我们就可以使用 Tushare 数据库了。

打开 Tushare 数据库的官方网址,点击右上方的"平

第 13 章 Tushare 数据库：金融数据库全解析

台介绍"，再点击左边的"操作手册"，然后点击"调取数据"，即可查看调用 Tushare 数据库的具体方法。

下面以调取"2024年5月6日"北向资金的数据为例，具体讲解如何在 PTrade 专业版中调用 Tushare 数据库。

第一步，我们需要导入山西证券专用的 Tushare 数据库。如下图所示，Tushare 数据库官网提供了导入 Tushare 数据库的详细代码，我们只需选中并复制这些代码，然后粘贴到我们的研究模块中即可。

第二步，设置 token 码。同样的，网站上也提供了详细的代码，我们将代码复制到研究模块中即可。注意，

249

我们需要将代码中的一长串"*"符号改为 token 码，直接将复制的 token 码粘贴过去即可。

第三步，初始化 pro 接口。网站上也提供了详细的代码。需要注意的是，PTrade 专业版分为仿真端和生产端：一般情况下，我们是在仿真端进行的，所以需要使用"仿真环境"的代码；而如果在生产环境中使用 Tushare，我们需要使用"生产环境"的代码，即末尾代码为"qa"而非"prd"。

最后，将以上相关代码全部复制到 PTrade 专业版，再点击"运行"，就可以调用 Tushare 数据库了。

从以上步骤中我们不难发现，Tushare 数据库与帮助文档的使用方法比较类似，当我们要调用 Tushare 数据库时，首先从 Tushare 官网中找到相关内容，然后找到接口示例，再找到网站提供的代码，最后将代码复制到 PTrade 中就可以了，因此我们基本不需要敲代码，使用起来比较方便。

第 13 章 Tushare 数据库：金融数据库全解析

接下来，我们来获取"2024 年 5 月 6 日"北向资金的数据。打开 Tushare 官网，在右上角的搜索栏中输入"北向资金"，点击搜索，就可以看到"北向资金"的相关信息。

点击"沪深港通资金流向"这个大标题，页面会跳转到详细介绍，我们就能看到从 Tushare 调用"北向资金"的具体方法了；找到"接口用法"，可以看到有两个接口用法，我们先使用第二接口的用法：将 pro.query('moneyflow_hsgt',trade_data='20180725) 复制到研究模块中。

具体来说，pro.query('moneyflow_hsgt',trade_data='20180725) 这一句代码用于拉取北向资金的数据，代码中只有时间部分需要修改，原代码"20180725"选取的时间是 2018 年 7 月 25 日，由于我们要筛选出 2024 年 5 月 6 日的数据，只需要将"20180725"改为"20240506"即可。其余不需要改动，点击"运行"，就得到了北向资金 2024 年 5 月 6 日的数据。

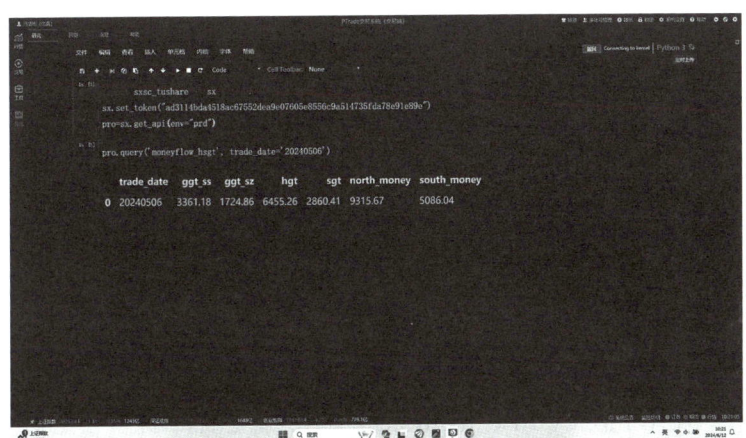

从数据中我们可以看到，表头会有"trade_data""ggt_ss""ggt_sz"等英文，Tushare 官网中对这些英文进行了详细的介绍，大家可以对照查阅。

例如"ggt_ss"，它表示"港股通（上海）"，"ggt_ss"下面的数据是 3 361.18，这就表示在 2024 年 5 月 6

日那一天，港股通（上海）流入了33.6118亿元，注意这里进行了单位换算。又如"hgt"，它表示"沪股通（百万）"，"hgt"下面的数据是6 455.26，这就表示在2024年5月6日那一天，沪股通流入了64.5526亿元。

此外，拉取北向资金的数据中还有一个接口示例，它有以下两句代码：

pro = ts.pro_api()

pro.moneyflow_hsgt(start_date='20180125', end_date='20180808')

第一句pro = ts.pro_api()，它的作用是接口的初始化设置；第二句pro.moneyflow_hsgt(start_date='20180125', end_date='20180808')，这是在提取2018年1月25日到2018年8月8日北向资金的数据。

通过这个接口示例的代码，我们也可以获取北向资金的数据，区别在于它获取的是一段时间的数据。具体操作步骤如下。

因为我们在调用Tushare的时候就已经进行了初始化设置，所以第一句代码不需要复制，只需复制第二句代码：

pro.moneyflow_hsgt(start_date='20180125', end_date='20180808')

将它粘贴到单元格中，点击"运行"，就能看到2018

年 1 月 25 日到 2018 年 8 月 8 日北向资金的相关数据了。

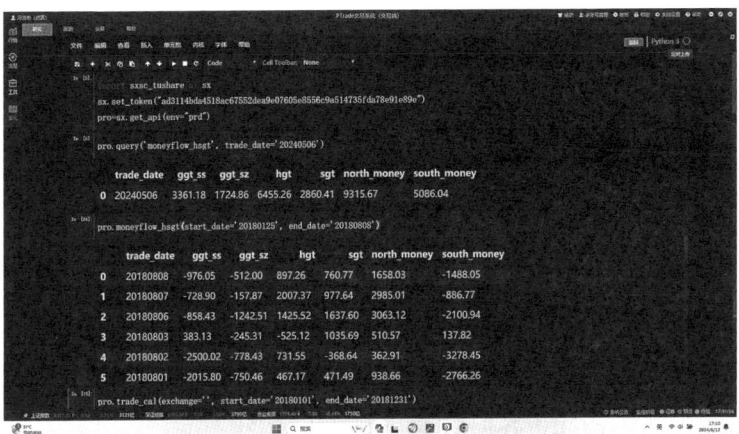

同样的，我们可以对时间进行修改，例如将 2018 年 1 月 25 日到 2018 年 8 月 8 日，改成 2024 年 5 月 1 日到 2024 年 5 月 20 日，再点击"运行"，单元格的下方就弹出 2024 年 5 月 1 日到 2024 年 5 月 20 日北向资金的相关数据了。

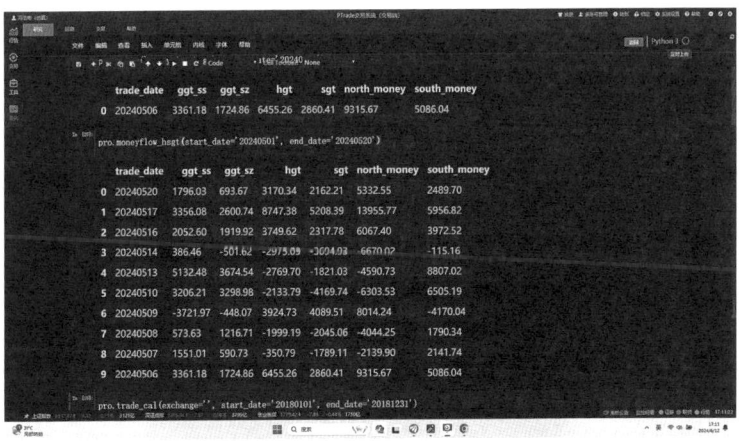

以上就是调用 Tushare 数据库查看数据的完整操作了。

13.3 章节总结

本章介绍了 Tushare 数据库的相关内容。

（1）揭开 Tushare 面纱：机构级金融数据中枢。

Tushare 数据库是一个专门用于存储和管理金融市场数据的平台。在这个平台上，我们可以查询和获取股票、基金、期货等各种金融产品的数据，包括价格、交易量、公司财务报表等。

（2）三步解锁数据宝藏：从 API 调用到北向资金追踪。

要使用 Tushare 数据库，首先需要获取"token 码"，它就像一把打开 Tushare 数据库的钥匙。取得"token 码"后，当我们要调用 Tushare 数据库时，首先从 Tushare 官网中找到相关内容，然后找到接口示例，再找到网站提供的代码，最后将代码复制到 PTrade 中就可以了。

第 14 章

量化指标工厂：TA-Lib 库全攻略

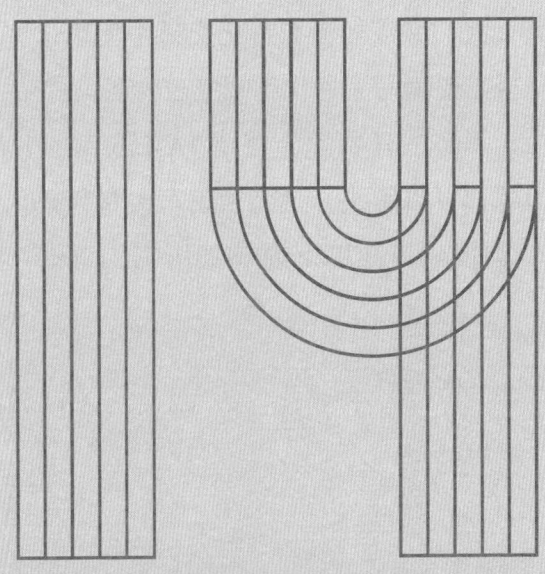

股市有风险，入市需谨慎。书中提到的所有案例和收益仅作参考，主要以教学为目的，不构成收益保证。

本章中，我们将要学习另一个非常实用的库——TA-Lib 库。

在前面章节中，我们接触的策略基本上与技术指标有关，像均线策略、一阳穿三线策略等。对于一些常用的技术指标，我们可以直接通过软件的内置函数进行计算，例如 MACD 策略可直接通过"get_macd"这个内置函数实现。

但是，A 股有非常多的技术指标，而 PTrade 提供的内置函数终究是有限的，当我们想要使用一些比较冷门的技术指标，这该如何实现呢？

此外，在股市中，除了技术指标，技术形态也是非常重要的一环，像"底部红三兵""高位三只乌鸦""上升三法"等技术形态是非常实用的，并且成功率不低。那么我们又该如何在量化交易中使用这些技术形态呢？是否需要编写大量代码呢？

其实，只要学会使用 TA-Lib 库，上面提到的两类问题都可以解决，且无须编写大量代码。那么，TA-Lib 库是什么？我们又该如何调用 TA-Lib 库呢？

14.1 揭秘 TA-Lib：百种技术指标的底层引擎

TA-Lib，全称为"Technical Analysis Library"，中文翻译过来是"技术分析库"。

TA-Lib 库涵盖股票软件中多种技术分析指标，不但有常见的 MACD、RSI、KDJ、布林带等，还包括一些比较冷门的指标。此外，TA-Lib 库还具备"模式识别"功能，调用这个功能可以识别出一些常见的技术形态。至于如何调用，后续内容会进行详细讲解。

按照具体的功能划分，TA-Lib 库可分为 10 个子板块，包括重叠指标板块、动量指标板块、交易量指标板块、周期指标板块、价格变换板块、波动性指标板块、形态识别板块、统计函数板块、数学变换板块、数学运算板块。

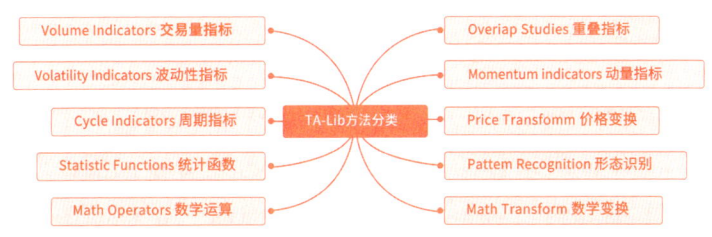

TA-Lib 库拥有很多功能，但像数学运算、数学变换等功能在深入研究时才用得到，因而初学者可以先重点掌握一些实用的功能。

在应用上，TA-Lib 与 Tushare 数据库比较类似，主要也是调用相关函数。不过，TA-Lib不像Tushare数据库那样有具体的接口案例和解释说明，因此我们使用TA-Lib库时需要有更多耐心。

TA-Lib库包括的函数如下所示。

1、重叠指标

（1）指标：Bollinger Bands 布林带

函数名：BBANDS

实例：upperband, middleband, lowerband = BBANDS(close, timeperiod=5, nbdevup=2., nbdevdn=2., matype=0)

简介：其利用统计原理，求出股价的标准差及其信赖区间，从而确定股价的波动范围及未来走势，利用波带显示股价的安全高低价位

（2）指标：Double Exponential Moving Average 双指数移动平均线

函数名：DEMA

实例：real = DEMA(close,timeperiod=30)

简介：两条移动平均线来产生趋势信号，较长期者用来识别趋势，较短期者用来选择时机。正是两条平均线及价格三者的相互作用，才共同产生了趋势信号

（3）指标：Exponential Moving Average 指数滑动平均

函数名：EMA

实例：real = EMA(close,timeperiod=30)

简介：是一种趋向类指标，其构造原理是仍然对价格收盘价进行算术平均，并根据计算结果来进行分析，用于判断价格未来走势的变动趋势

（4）指标：Hilbert Transform - Instantaneous Trendline 希尔伯特瞬时变换

函数名：HT_TRENDLINE

实例：real = HT_TRENDLINE(close)

简介：通过希尔伯特变换计算瞬时趋势线

（5）指标：Kaufman Adaptive Moving Average 卡玛考夫曼自适应移动平均

函数名：KAMA

实例：real = KAMA(close, timeperiod=30)

简介：短期均线贴近价格走势，灵敏度高，但会有很多噪声；长期均线在判断趋势上准确但滞后严重。该指标能自适应选择最佳均线周期

（6）指标：Moving average 移动平均线

函数名：MA

实例：real = MA(close, timeperiod=30, matype=0)

简介：将某一段时间的收盘价之和除以该周期。比如日线 MA5 指 5 天内的收盘价除以 5

（7）指标：MESA Adaptive Moving Average MESA

自适应移动平均线

函数名：MAMA

实例：mama, fama = MAMA(close, fastlimit=0.0, slowlimit=0.0)

简介：由快慢两条线组成，快线反应价格短期变化，慢线反应长期趋势，交叉产生交易信号

（8）指标：Moving average with variable period 可变周期移动平均

函数名：MAVP

实例：real = MAVP(close, periods, minperiod=2, maxperiod=30, matype=0)

简介：可设置不同周期的移动平均线

（9）指标：MidPoint over period 周期中点

函数名：MIDPOINT

实例：real = MIDPOINT(close, timeperiod=14)

简介：计算周期内的价格中点

（10）指标：Midpoint Price over period 周期中点价

函数名：MIDPRICE

实例：real = MIDPRICE(high, low, timeperiod=14)

简介：计算周期内的价格中点

（11）指标：Parabolic SAR 抛物线转向指标

函数名：SAR

实例：real = SAR(high, low, acceleration=0.02, maximum=0.2)

简介：抛物线转向也称停损点转向，利用抛物线方式调整停损点位置观察买卖点

（12）指标：Parabolic SAR - Extended 抛物线转向指标 - 扩展

函数名：SAREXT

实例：real = SAREXT(high, low, startvalue=0., offsetonreverse=0., accelerationinitlong=0.02, accelerationlong=0.02, accelerationmaxlong=0.2, accelerationinitshort=0.02, accelerationshort=0.02, accelerationmaxshort=0.2)

简介：增强版抛物线转向指标

（13）指标：Simple Moving Average 简单移动平均线

函数名：SMA

实例：real = SMA(close, timeperiod=30)

简介：最基础的移动平均线计算方法

（14）指标：Triple Exponential Moving Average（T3）三次指数移动平均线

函数名：T3

实例：real = T3(close, timeperiod=5, vfactor=0.7)

简介：长线操作时采用本指标的信号，长时间交易获利百分比大于损失百分比

（15）指标：Triple Exponential Moving Average 三次指数移动平均线

函数名：TEMA

实例：real = TEMA(close, timeperiod=30)

简介：对数据进行三次平滑，消除短期不重要的周期波动

（16）指标：Triangular Moving Average 三角移动平均线

函数名：TRIMA

实例：real = TRIMA(close, timeperiod=30)

简介：为中间部分数据赋予最大权重的滞后指标

（17）指标：Weighted Moving Average 加权移动平均线

函数名：WMA

实例：real = WMA(close, timeperiod=30)

简介：根据每次进货成本加上原有库存成本计算加权平均单位成本

2、动量指标

（1）指标：Average Directional Movement Index 平均趋向指数

函数名：ADX

实例：real = ADX(high, low, close, timeperiod=14)

简介：判断盘整、振荡和单边趋势的核心指标

（2）指标：Average Directional Movement Index Rating 平均趋向指标评估

函数名：ADXR

实例：real = ADXR(high, low, close, timeperiod=14)

简介：评估 ADX 趋势强度的辅助指标

（3）指标：Absolute Price Oscillator 绝对价格振荡器

函数名：APO

实例：real = APO(close, fastperiod=12, slowperiod=26, matype=0)

简介：表示两个移动平均值的绝对差值

（4）指标：Aroon 阿隆指标

函数名：AROON

实例：aroondown, aroonup = AROON(high, low, timeperiod=14)

简介：通过计算价格达到近期最高值和最低值所经过的期间数预测趋势变化

（5）指标：Aroon Oscillator 阿隆震荡线

函数名：AROONOSC

实例：real = AROONOSC(high, low, timeperiod=14)

简介：通过阿隆上行线（通常为绿线）和下行线（通常为红线）提供趋势强度信号

（6）指标：Balance Of Power 均势

函数名：BOP

实例：real = BOP(open, high, low, close)

简介：衡量买方与卖方力量对比的指标

（7）指标：Commodity Channel Index 顺势指标

函数名：CCI

实例：real = CCI(high, low, close, timeperiod=14)

简介：专门测量股价是否已超出常态分布范围

（8）指标：Chande Momentum Oscillator 钱德动量摆动指标

函数名：CMO

实例：real = CMO(close, timeperiod=14)

简介：在计算公式的分子中采用上涨日和下跌日的数据

（9）指标：Directional Movement Index DMI 指标

函数名：DX

实例：real = DX(high, low, close, timeperiod=14)

简介：分析股票价格在涨跌过程中买卖双方力量均衡点的变化情况

（10）指标：Moving Average Convergence/Divergence 平滑异同移动平均线

函数名：MACD

实例：macd, signal, hist = MACD(close, fastperiod=12, slowperiod=26, signalperiod=9)

简介：利用短期 EMA 与长期 EMA 之间的聚合与分离状况，对买进、卖出时机作出研判

（11）指标：MACD with controllable MA type 平滑异同移动平均线

函数名：MACDEXT

实例：macd, signal, hist = MACDEXT(close, fastperiod=12, fastmatype=0, slowperiod=26, slowmatype=0, signalperiod=9, signalmatype=0)

简介：提供参数控制计算 MACD 时使用的移动平均算法

（12）指标：Moving Average Convergence/Divergence Fix 12/26 平滑异同移动平均线

函数名：MACDFIX

实例：macd, signal, hist = MACDFIX(close, signalperiod=9)

简介：固定快均线周期为 12，慢均线周期为 26 的 MACD 变体

（13）指标：Money Flow Index 资金流量指标

函数名：MFI

实例：real = MFI(high, low, close, volume, timeperiod=14)

简介：属于量价类指标，反映市场的运行趋势

（14）指标：Minus Directional Indicator 负方向指示器

函数名：MINUS_DI

实例：real = MINUS_DI(high, low, close, timeperiod=14)

简介：衡量下跌趋势强度的指标

（15）指标：Minus Directional Movement 负方向移动

函数名：MINUS_DM

实例：real = MINUS_DM(high, low, timeperiod=14)

简介：负方向移动指标

（16）指标：Momentum 动量

函数名：MOM

实例：real = MOM(close, timeperiod=10)

简介：衡量股票持续增长的能力

（17）指标：Plus Directional Indicator 正方向指示器

函数名：PLUS_DI

实例: real = PLUS_DI(high, low, close, timeperiod=14)

简介：衡量上涨趋势强度的指标

(18)指标：Plus Directional Movement 正方向移动

函数名：PLUS_DM

实例：real = PLUS_DM(high, low, timeperiod=14)

简介：正方向移动指标

(19)指标：Percentage Price Oscillator 价格震荡百分比指数

函数名：PPO

实例：real = PPO(close, fastperiod=12, slowperiod=26, matype=0)

简介：说明两条移动平均线的百分比差距

(20)指标：Rate of change：((price/prevPrice)-1)×100 变动率指标

函数名：ROC

实例：real = ROC(close, timeperiod=10)

简介：反映股票市变动快慢程度

(21)指标：Rate of change Percentage: (price-prevPrice)/prevPrice 变动率百分比

函数名：ROCP

实例：real = ROCP(close, timeperiod=10)

简介：变动率百分比指标

(22)指标：Rate of change ratio: (price/prevPrice) 变动率比例

函数名：ROCR

实例：real = ROCR(close, timeperiod=10)

简介：变动率比例指标

（23）指标：Rate of change ratio 100 scale: (price/prevPrice) × 100 变动率比例 100

函数名：ROCR100

实例：real = ROCR100(close, timeperiod=10)

简介：以 100 为基准的变动率比例

（24）指标：Relative Strength Index 相对强弱指数

函数名：RSI

实例：real = RSI(close, timeperiod=14)

简介：通过比较平均收盘涨数和平均收盘跌数分析市场买沽盘意向和实力

（25）指标：Stochastic 随机指标，俗称 KD

函数名：STOCH

实例：slowk, slowd = STOCH(high, low, close, fastk_period=5, slowk_period=3, slowk_matype=0, slowd_period=3, slowd_matype=0)

简介：以 K 线和 D 线的组合变化说明市场价格变化的技术指标

（26）指标：Stochastic Fast 快速随机摆指标

函数名：STOCHF

实例：fastk, fastd = STOCHF(high, low, close, fastk_period=5, fastd_period=3, fastd_matype=0)

简介：多用于中、短期买卖时机的研判

（27）指标：Stochastic Relative Strength Index 相对强弱指标

函数名：STOCHRSI

实例：fastk, fastd = STOCHRSI(close, timeperiod=14, fastk_period=5, fastd_period=3, fastd_matype=0)

简介：RSI 的随机指标变体

（28）指标：1-day Rate-Of-Change (ROC) of a Triple Smooth EMA 三重平滑 EMA 的 1 日变化率

函数名：TRIX

实例：real = TRIX(close, timeperiod=30)

简介：长线操作时使用的指标

（29）指标：Ultimate Oscillator 终极波动指标

函数名：ULTOSC

实例：real = ULTOSC(high, low, close, timeperiod1=7, timeperiod2=14, timeperiod3=28)

简介：多方位功能的指标，提供趋势确认及超买超卖信号

（30）指标：Williams' %R 威廉指标

函数名：WILLR

实例：real = WILLR(high, low, close, timeperiod=14)

简介：测量市场处于超买还是超卖状态

3、交易量指标

（1）指标：Chaikin A/D Line 累积/派发线

函数名：AD

实例：real = AD(high, low, close, volume)

简介：Marc Chaikin 提出的一种平衡交易量指标

（2）指标：Chaikin A/D Oscillator 累积/派发摆动指标

函数名：ADOSC

实例：real = ADOSC(high, low, close, volume, fastperiod=3, slowperiod=10)

简介：将资金流动情况与价格行为相对比

（3）指标：On Balance Volume 能量潮

函数名：OBV

实例：real = OBV(close, volume)

简介：通过统计成交量变动的趋势推测股价趋势

4、波动性指标

（1）指标：Average True Range 真实波动幅度均值

函数名：ATR

实例：real = ATR(high, low, close, timeperiod=14)

简介：以 N 天的指数移动平均数平均后的交易波动

幅度

（2）指标：Normalized Average True Range 归一化波动幅度均值

函数名：NATR

实例：real = NATR(high, low, close, timeperiod=14)

简介：归一化波动幅度均值指标

（3）指标：True Range 真实波幅指标

函数名：TRANGE

实例：real = TRANGE(high, low, close)

简介：真实波幅指标

5、价格变换

（1）指标：Average Price 平均价格

函数名：AVGPRICE

实例：real = AVGPRICE(open, high, low, close)

简介：计算平均价格

（2）指标：Median Price 中位数价格

函数名：MEDPRICE

实例：real = MEDPRICE(high, low)

简介：计算中位数价格

（3）指标：Typical Price 代表性价格

函数名：TYPPRICE

实例：real = TYPPRICE(high, low, close)

简介：计算代表性价格

（4）指标：Weighted Close Price 加权收盘价

函数名：WCLPRICE

实例：real = WCLPRICE(high, low, close)

简介：计算加权收盘价

6、周期变换

（1）指标：Hilbert Transform - Dominant Cycle Period 希尔伯特变换-主导周期

函数名：HT_DCPERIOD

实例：real = HT_DCPERIOD(close)

简介：计算价格所处的周期位置

（2）指标：Hilbert Transform - Dominant Cycle Phase 希尔伯特变换-主导循环阶段

函数名：HT_DCPHASE

实例：real = HT_DCPHASE(close)

简介：主导循环阶段分析

（3）指标：Hilbert Transform - Phasor Components 希尔伯特变换-希尔伯特变换相量分量

函数名：HT_PHASOR

实例：inphase, quadrature = HT_PHASOR(close)

简介：希尔伯特变换相量分量

（4）指标：Hilbert Transform - SineWave 希尔伯特

变换-正弦波

函数名：HT_SINE

实例：sine, leadsine = HT_SINE(close)

简介：正弦波分析

（5）指标：Hilbert Transform - Trend vs Cycle Mode 希尔伯特变换-趋势与周期模式

函数名：HT_TRENDMODE

实例：integer = HT_TRENDMODE(close)

简介：趋势与周期模式识别

7、形态识别

（1）指标：CDL2CROWS - Two Crows 两只乌鸦

函数名：CDL2CROWS

实例：integer = CDL2CROWS(open, high, low, close)

简介：三日 K 线模式，预示股价下跌

（2）指标：CDL3BLACKCROWS - Three Black Crows 三只乌鸦

函数名：CDL3BLACKCROWS

实例：integer = CDL3BLACKCROWS(open, high, low, close)

简介：三日连续阴线模式，预示股价下跌

（3）指标：CDL3INSIDE - Three Inside Up/Down 三内部上涨和下跌

函数名：CDL3INSIDE

实例：integer = CDL3INSIDE(open, high, low, close)

简介：三日K线模式，母子信号 + 长K线组合

（4）指标：CDL3LINESTRIKE - Three-Line Strike 三线打击

函数名：CDL3LINESTRIKE

实例：integer = CDL3LINESTRIKE(open, high, low, close)

简介：四日K线模式，预示股价下跌

（5）指标：CDL3OUTSIDE - Three Outside Up/Down 三外部上涨和下跌

函数名：CDL3OUTSIDE

实例：integer = CDL3OUTSIDE(open, high, low, close)

简介：三日K线模式，预示趋势反转

（6）指标：CDL3STARSINSOUTH - Three Stars In The South 南方三星

函数名：CDL3STARSINSOUTH

实例：integer = CDL3STARSINSOUTH(open, high, low, close)

简介：三日K线模式，预示下跌趋势反转

（7）指标：CDL3WHITESOLDIERS - Three Advancing White Soldiers 三个白兵

函数名：CDL3WHITESOLDIERS

实例：integer = CDL3WHITESOLDIERS(open, high, low, close)

简介：三日 K 线模式，预示股价上升

（8）指标：CDLABANDONEDBABY - Abandoned Baby 弃婴

函数名：CDLABANDONEDBABY

实例：integer = CDLABANDONEDBABY(open, high, low, close, penetration=0)

简介：三日 K 线模式，预示趋势反转

（9）指标：CDLADVANCEBLOCK - Advance Block 大敌当前

函数名：CDLADVANCEBLOCK

实例：integer = CDLADVANCEBLOCK(open, high, low, close)

简介：三日 K 线模式，实体变短，上影线变长

（10）指标：CDLBELTHOLD - Belt-hold 捉腰带线

函数名：CDLBELTHOLD

实例：integer = CDLBELTHOLD(open, high, low, close)

简介：二日 K 线模式，预示价格上涨

（11）指标：CDLBREAKAWAY - Breakaway 脱离

函数名：CDLBREAKAWAY

实例：integer = CDLBREAKAWAY(open, high, low, close)

简介：五日 K 线模式，预示价格上涨

（12）指标：CDLCLOSINGMARUBOZU - Closing Marubozu 收盘缺影线

函数名：CDLCLOSINGMARUBOZU

实例：integer = CDLCLOSINGMARUBOZU(open, high, low, close)

简介：一日 K 线模式，预示趋势持续

（13）指标：CDLCONCEALBABYSWALL - Concealing Baby Swallow 藏婴吞没

函数名：CDLCONCEALBABYSWALL

实例：integer = CDLCONCEALBABYSWALL(open, high, low, close)

简介：四日 K 线模式，预示底部反转

（14）指标：CDLCOUNTERATTACK - Counterattack 反击线

函数名：CDLCOUNTERATTACK

实例：integer = CDLCOUNTERATTACK(open, high, low, close)

简介：二日 K 线模式，与分离线类似

（15）指标：CDLDARKCLOUDCOVER - Dark Cloud Cover 乌云压顶

函数名：CDLDARKCLOUDCOVER

实例：integer = CDLDARKCLOUDCOVER(open, high, low, close, penetration=0)

简介：二日 K 线模式，预示股价下跌

（16）指标：CDLDOJI - Doji 十字

函数名：CDLDOJI

实例：integer = CDLDOJI(open, high, low, close)

简介：一日 K 线模式，开盘价与收盘价基本相同

（17）指标：CDLDOJISTAR - Doji Star 十字星

函数名：CDLDOJISTAR

实例：integer = CDLDOJISTAR(open, high, low, close)

简介：一日 K 线模式，预示当前趋势反转

（18）指标：CDLDRAGONFLYDOJI - Dragonfly 蜻蜓十字 /T 形十字

函数名：CDLDRAGONFLYDOJI

实例：integer = CDLDRAGONFLYDOJI(open, high, low, close)

简介：一日 K 线模式，预示趋势反转

（19）指标：CDLENGULFING - Engulfing Pattern 吞噬模式

函数名：CDLENGULFING

实例：integer = CDLENGULFING(open, high, low, close)

简介：两日 K 线模式，预示趋势反转

（20）指标：CDLEVENINGDOJISTAR - Evening Doji Star 十字暮星

函数名：CDLEVENINGDOJISTAR

实例：integer = CDLEVENINGDOJISTAR(open, high, low, close, penetration=0)

简介：三日 K 线模式，预示顶部反转

（21）指标：CDLEVENINGSTAR - Evening Star 暮星

函数名：CDLEVENINGSTAR

实例：integer = CDLEVENINGSTAR(open, high, low, close, penetration=0)

简介：三日 K 线模式，预示顶部反转

（22）指标：CDLGAPSIDESIDEWHITE - Up/Down-gap side-by-side white lines 向上 / 下跳空并列阳线

函数名：CDLGAPSIDESIDEWHITE

实例：integer = CDLGAPSIDESIDEWHITE(open, high, low, close)

简介：二日 K 线模式，趋势持续信号

（23）指标：CDLGRAVESTONEDOJI - Gravestone Doji 墓碑十字 / 倒 T 十字

函数名：CDLGRAVESTONEDOJI

实例：integer = CDLGRAVESTONEDOJI(open, high, low, close)

简介：一日 K 线模式，预示底部反转

（24）指标：CDLHAMMER - Hammer 锤头

函数名：CDLHAMMER

实例：integer = CDLHAMMER(open, high, low, close)

简介：一日 K 线模式，预示反转

（25）指标：CDLHANGINGMAN - Hanging Man 母子线

函数名：CDLHANGINGMAN

实例：integer = CDLHANGINGMAN(open, high, low, close)

简介：二日 K 线模式，预示趋势反转

（26）指标：CDLHARAMICROSS - Harami Cross Pattern 十字孕线

函数名：CDLHARAMICROSS

实例：integer = CDLHARAMICROSS(open, high, low, close)

简介：二日 K 线模式，预示趋势反转

（27）指标：CDLHIGHWAVE - High-Wave Candle 风高浪大线

函数名：CDLHIGHWAVE

实例：integer = CDLHIGHWAVE(open, high, low, close)

简介：三日 K 线模式，预示趋势反转

（28）指标：CDLHIKKAKE - Hikkake Pattern 陷阱

函数名：CDLHIKKAKE

实例：integer = CDLHIKKAKE(open, high, low, close)

简介：三日 K 线模式，反转失败，趋势继续

（29）指标：CDLHIKKAKEMOD - Modified Hikkake Pattern 修正陷阱

函数名：CDLHIKKAKEMOD

实例：integer = CDLHIKKAKEMOD(open, high, low, close)

简介：三日 K 线模式，反转失败，趋势继续

（30）指标：CDLHOMINGPIGEON - Homing Pigeon 家鸽

函数名：CDLHOMINGPIGEON

实例：integer = CDLHOMINGPIGEON(open, high, low, close)

简介：二日 K 线模式，预示趋势反转

（31）指标：CDLIDENTICAL3CROWS - Identical Three Crows 三胞胎乌鸦

函数名：CDLIDENTICAL3CROWS

实　例：integer = CDLIDENTICAL3CROWS(open, high, low, close)

简介：三日 K 线模式，预示价格下跌

（32）指标：CDLINNECK - In-Neck Pattern 颈内线

函数名：CDLINNECK

实例：integer = CDLINNECK(open, high, low, close)

简介：二日 K 线模式，预示下跌继续

（33）指标：CDLINVERTEDHAMMER - Inverted Hammer 倒锤头

函数名：CDLINVERTEDHAMMER

实　例：integer = CDLINVERTEDHAMMER(open, high, low, close)

简介：一日 K 线模式，预示趋势反转

（34）指标：CDLKICKING - Kicking 反冲形态

函数名：CDLKICKING

实　例：integer = CDLKICKING(open, high, low, close)

简介：二日 K 线模式，存在跳空缺口的反转信号

（35）指标：CDLKICKINGBYLENGTH - Kicking -

bull/bear determined by the longer marubozu 由较长缺影线决定的反冲形态

函数名：CDLKICKINGBYLENGTH

实例：integer = CDLKICKINGBYLENGTH(open, high, low, close)

简介：二日 K 线模式，较长缺影线决定价格涨跌

（36）指标：CDLLADDERBOTTOM - Ladder Bottom 梯底

函数名：CDLLADDERBOTTOM

实例：integer = CDLLADDERBOTTOM(open, high, low, close)

简介：五日 K 线模式，预示底部反转

（37）指标：CDLLONGLEGGEDDOJI - Long Legged Doji 长脚十字

函数名：CDLLONGLEGGEDDOJI

实例：integer = CDLLONGLEGGEDDOJI(open, high, low, close)

简介：一日 K 线模式，表达市场不确定性

（38）指标：CDLLONGLINE - Long Line Candle 长蜡烛

函数名：CDLLONGLINE

实例：integer = CDLLONGLINE(open, high, low, close)

简介：一日 K 线模式，K 线实体长，无上下影线

（39）指标：CDLMARUBOZU - Marubozu 光头光脚 / 缺影线

函数名：CDLMARUBOZU

实例：integer = CDLMARUBOZU(open, high, low, close)

简介：一日 K 线模式，上下无影线的实体，阴线预示熊市持续或牛市反转，阳线则相反

（40）指标：CDLMATCHINGLOW - Matching Low 相同低价

函数名：CDLMATCHINGLOW

实例：integer = CDLMATCHINGLOW(open, high, low, close)

简介：二日 K 线模式，第二日收盘价与前一日相同，预示底部确认

（41）指标：CDLMATHOLD - Mat Hold 铺垫

函数名：CDLMATHOLD

实例：integer = CDLMATHOLD(open, high, low, close, penetration=0)

简介：五日 K 线模式，上涨趋势中的持续形态

（42）指标：CDLMORNINGDOJISTAR - Morning Doji Star 十字晨星

函数名：CDLMORNINGDOJISTAR

实例：integer = CDLMORNINGDOJISTAR(open, high, low, close, penetration=0)

简介：三日 K 线底部反转形态，第二日为十字星

（43）指标：CDLMORNINGSTAR - Morning Star 晨星

函数名：CDLMORNINGSTAR

实例：integer = CDLMORNINGSTAR(open, high, low, close, penetration=0)

简介：经典三日底部反转形态

（44）指标：CDLONNECK - On-Neck Pattern 颈上线

函数名：CDLONNECK

实例：integer = CDLONNECK(open, high, low, close)

简介：二日 K 线模式，预示下跌趋势持续

（45）指标：CDLPIERCING - Piercing Pattern 刺透形态

函数名：CDLPIERCING

实例：integer = CDLPIERCING(open, high, low, close)

简介：二日 K 线底部反转形态

（46）指标：CDLRICKSHAWMAN - Rickshaw Man

黄包车夫

函数名：CDLRICKSHAWMAN

实例：integer = CDLRICKSHAWMAN(open, high, low, close)

简介：实体处于价格振幅中点的特殊十字线

（47）指标：CDLRISEFALL3METHODS - Rising/Falling Three Methods 上升/下降三法

函数名：CDLRISEFALL3METHODS

实例：integer = CDLRISEFALL3METHODS(open, high, low, close)

简介：五日 K 线趋势持续形态

（48）指标：CDLSEPARATINGLINES - Separating Lines 分离线

函数名：CDLSEPARATINGLINES

实例：integer = CDLSEPARATINGLINES(open, high, low, close)

简介：二日 K 线模式，预示上涨趋势持续

（49）指标：CDLSHOOTINGSTAR - Shooting Star 射击之星

函数名：CDLSHOOTINGSTAR

实例：integer = CDLSHOOTINGSTAR(open, high, low, close)

简介:单日顶部反转形态,长上影线

(50)指标:CDLSHORTLINE - Short Line Candle 短蜡烛

函数名:CDLSHORTLINE

实例:integer = CDLSHORTLINE(open, high, low, close)

简介:实体短的 K 线形态

(51)指标:CDLSPINNINGTOP - Spinning Top 纺锤

函数名:CDLSPINNINGTOP

实例:integer = CDLSPINNINGTOP(open, high, low, close)

简介:小实体 K 线,反映市场犹豫不决

(52)指标:CDLSTALLEDPATTERN - Stalled Pattern 停顿状态

函数名:CDLSTALLEDPATTERN

实例:integer = CDLSTALLEDPATTERN(open, high, low, close)

简介:三日 K 线模式,预示上涨趋势结束

(53)指标:CDLSTICKSANDWICH - Stick Sandwich 条形三明治

函数名:CDLSTICKSANDWICH

实例:integer = CDLSTICKSANDWICH(open, high,

low, close)

简介：三日 K 线反转形态

（54）指标：CDLTAKURI - Takuri (Dragonfly Doji with very long lower shadow) 探水竿

函数名：CDLTAKURI

实例：integer = CDLTAKURI(open, high, low, close)

简介：长下影线的蜻蜓十字形态

（55）指标：CDLTASUKIGAP - Tasuki Gap 跳空并列阴阳线

函数名：CDLTASUKIGAP

实例：integer = CDLTASUKIGAP(open, high, low, close)

简介：三日 K 线趋势持续形态

（56）指标：CDLTHRUSTING - Thrusting Pattern 插入

函数名：CDLTHRUSTING

实例：integer = CDLTHRUSTING(open, high, low, close)

简介：二日 K 线模式，预示下跌趋势持续

（57）指标：CDLTRISTAR - Tristar Pattern 三星

函数名：CDLTRISTAR

实例：integer = CDLTRISTAR(open, high, low, close)

简介：三日反转形态，三个十字星组成

（58）指标：CDLUNIQUE3RIVER - Unique 3 River 奇特三河床

函数名：CDLUNIQUE3RIVER

实例：integer = CDLUNIQUE3RIVER(open, high, low, close)

简介：三日底部反转形态

（59）指标：CDLUPSIDEGAP2CROWS - Upside Gap Two Crows 向上跳空的两只乌鸦

函数名：CDLUPSIDEGAP2CROWS

实例：integer = CDLUPSIDEGAP2CROWS(open, high, low, close)

简介：三日顶部反转形态

（60）指标：CDLXSIDEGAP3METHODS - Upside/Downside Gap Three Methods 上升/下降跳空三法

函数名：CDLXSIDEGAP3METHODS

实例：integer = CDLXSIDEGAP3METHODS(open, high, low, close)

简介：五日趋势持续形态

8、统计功能

（1）指标：BETA - Beta β 系数也称为贝塔系数

函数名：BETA

实例：real = BETA(high, low, timeperiod=5)

简介：衡量股票相对于整个股市价格波动的风险指数

（2）指标：CORREL - Pearson's Correlation Coefficient ® 皮尔逊相关系数

函数名：CORREL

实例：real = CORREL(high, low, timeperiod=30)

简介：度量两个变量间线性相关程度

（3）指标：LINEARREG - Linear Regression 线性回归

函数名：LINEARREG

实例：real = LINEARREG(close, timeperiod=14)

简介：确定变量间相互依赖的定量关系

（4）指标：LINEARREG_ANGLE - Linear Regression Angle 线性回归的角度

函数名：LINEARREG_ANGLE

实例：real = LINEARREG_ANGLE(close, timeperiod=14)

简介：反映价格角度变化

（5）指标：LINEARREG_INTERCEPT - Linear Regression Intercept 线性回归截距

函数名：LINEARREG_INTERCEPT

实例：real = LINEARREG_INTERCEPT(close,

timeperiod=14)

简介：线性回归截距值

（6）指标：LINEARREG_SLOPE - Linear Regression Slope 线性回归斜率指标

函数名：LINEARREG_SLOPE

实例：real = LINEARREG_SLOPE(close, timeperiod=14)

简介：反映价格变化速率

（7）指标：STDDEV - Standard Deviation 标准偏差

函数名：STDDEV

实例：real = STDDEV(close, timeperiod=5, nbdev=1)

简介：衡量数据偏离算术平均值的程度

（8）指标：TSF - Time Series Forecast 时间序列预测

函数名：TSF

实例：real = TSF(close, timeperiod=14)

简介：基于历史数据的趋势预测方法

（9）指标：VAR - VAR 方差

函数名：VAR

实例：real = VAR(close, timeperiod=5, nbdev=1)

简介：计算变量与总体均数之间的差异

9、数学变换

（1）指标：ACOS - Vector Trigonometric ACos 反余

弦函数

函数名：ACOS

实例：real = ACOS(close)

简介：反余弦三角函数计算

（2）指标：ASIN - Vector Trigonometric ASin 反正弦函数

函数名：ASIN

实例：real = ASIN(close)

简介：反正弦三角函数计算

（3）指标：ATAN - Vector Trigonometric ATan 反正切值

函数名：ATAN

实例：real = ATAN(close)

简介：反正切三角函数计算

（4）指标：CEIL - Vector Ceil 向上取整数

函数名：CEIL

实例：real = CEIL(close)

简介：向上取整函数

（5）指标：COS - Vector Trigonometric Cos 余弦函数

函数名：COS

实例：real = COS(close)

简介：余弦三角函数计算

（6）指标：COSH - Vector Trigonometric Cosh 双曲正弦函数

函数名：COSH

实例：real = COSH(close)

简介：双曲正弦函数计算

（7）指标：EXP - Vector Arithmetic Exp 指数曲线

函数名：EXP

实例：real = EXP(close)

简介：指数曲线计算

（8）指标：FLOOR - Vector Floor 向下取整数

函数名：FLOOR

实例：real = FLOOR(close)

简介：向下取整函数

（9）指标：LN - Vector Log Natural 自然对数

函数名：LN

实例：real = LN(close)

简介：自然对数计算

（10）指标：LOG10 - Vector Log10 对数函数

函数名：LOG10

实例：rcal = LOG10(close)

简介：以 10 为底的对数计算

（11）指标：SIN - Vector Trigonometric Sin 正弦函数

函数名：SIN

实例：real = SIN(close)

简介：正弦三角函数计算

（12）指标：SINH - Vector Trigonometric Sinh 双曲正弦函数

函数名：SINH

实例：real = SINH(close)

简介：双曲正弦函数计算

（13）指标：SQRT - Vector Square Root 非负实数的平方根

函数名：SQRT

实例：real = SQRT(close)

简介：平方根计算

（14）指标：TAN - Vector Trigonometric Tan 正切函数

函数名：TAN

实例：real = TAN(close)

简介：正切三角函数计算

（15）指标：TANH - Vector Trigonometric Tanh 双曲正切函数

函数名：TANH
实例：real = TANH(close)
简介：双曲正切函数计算

需要说明的是，本书将 TA-Lib 库包含的函数整理成表格的形式，当我们使用某个指标，或是识别某个技术形态时，需要先在 TA-Lib 函数表格中检索相关函数，若能检索到，说明 TA-Lib 库可以操作，反之则说明 TA-Lib 库无法操作。

以识别"上升三法"这个技术形态为例进行讲解。打开 TA-Lib 函数表格后，在键盘上同时按下 Control 和 F（这是文档中查找信息的快捷键），然后在查找框输入"上升三法"，点击"查找全部"，即可搜索相关信息。如果搜索结果中有相关的函数名和实例，这就说明 TA-Lib 库支持识别这个技术形态，后续就能使用该技术形态。

第 14 章 量化指标工厂：TA-Lib 库全攻略

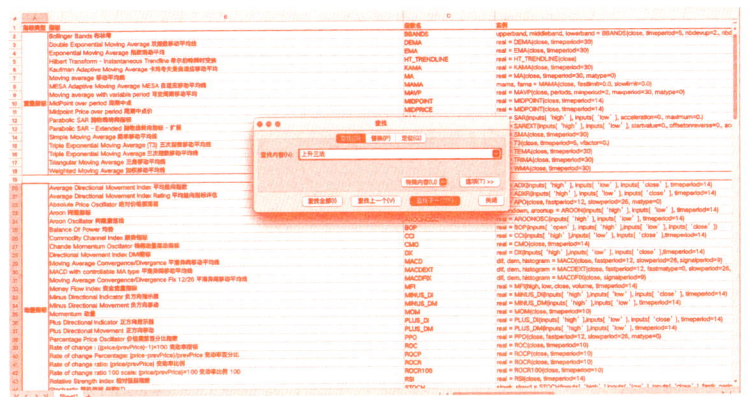

在 TA-Lib 函数表格中，我们需要重点关注"函数名"和"实例"这两列内容。

（1）函数名：这是调用函数的关键。当我们要调用函数时，在前面加"talib."就能进行调用。注意，在使用函数名时，建议大家直接复制函数名，避免手动输入单词出现出错。

（2）实例：这是调用函数的补充说明，也是调用函数时要用到数据。例如，实例中写了"open，high，low，close"，分别是开盘价、最高价、最低价、收盘价，这表示如果要调用这个函数，还需要获取开盘价、最高价、最低价、收盘价。

需要提醒的是，在调用函数之前，一定要确认函数表格中"实例"的内容，清楚调用函数时需要用到的数据。

14.2 三步构建智能交易系统：从均线计算到形态捕捉

本节将通过两个实操案例，带大家具体了解如何使用 TA-Lib 库。

14.21、实操案例一

实操案例一是通过 TA-Lib 库计算技术指标，具体来说，我们运用 TA-Lib 库来计算均线 MA。计算均线主要就是计算收盘价的均值，例如计算 5 天均线 MA，主要就是计算 5 天收盘价的均值。

首先，我们需要确认 TA-Lib 库有没有计算均线 MA 的功能，有这个功能才可进行后续操作。

打开上文提到的 TA-Lib 函数表格，搜索关键词"MA"，可以看到表格中有这部分内容，这表示可以通过 TA-Lib 库计算均线 MA。

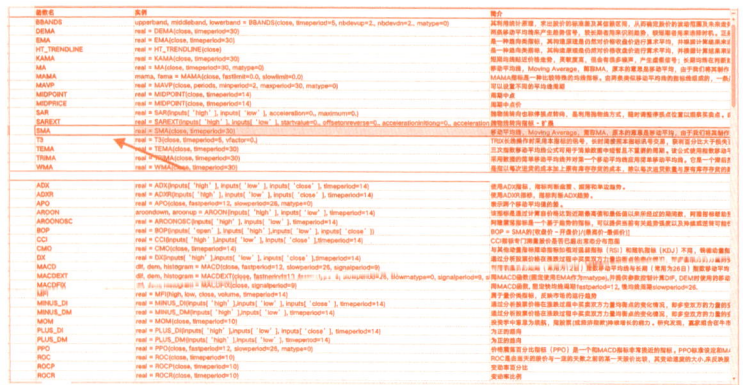

找到相关内容后，接下来就是解析函数名和实例。从函数名中可以看到，计算均线 MA 的函数名是"SMA"，后面调用函数时，在函数名前面添加"talib."就能实现调用。

再看实例部分，"SMA(close，timeperiod=30)"表示它需要用到"close"这个数据，即收盘价的数据；"timeperiod=30"表示周期为 30，也就是计算 30 天均线（周期可以按需修改）。

要通过 TA-Lib 库计算均线 MA，在实操中还需要经过以下三步：第一步，导入 TA-Lib 库；第二步，转换数据类型；第三步，调用函数。由于这里涉及比较专业的内容，就不一一展开了，我们重点关注 PTrade 专业版中的相关操作。

在 PTrade 专业版的研究模块中输入以下代码。

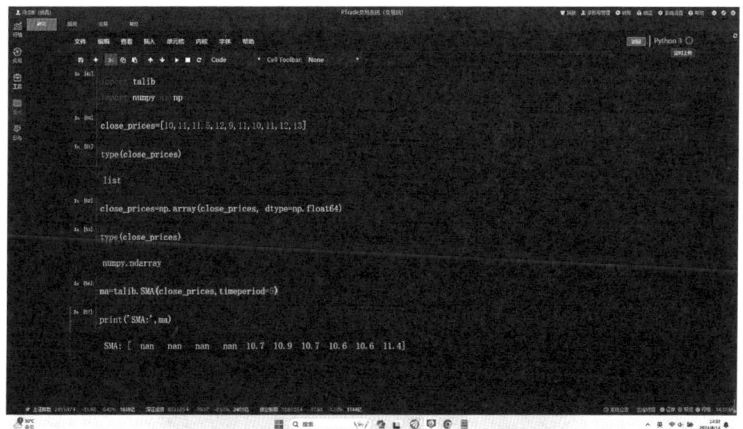

我们在最后一个单元格中输入"print('SMA',ma)"，点击"运行"，就得到根据10天的收盘价计算出"5日线"的相关数据。上面我们提到，计算均线主要就是计算收盘价的均值，现在我们已获得相关的数据。注意，在得到的数据中，前面4个数据是"nan"，这是空值的意思，因为我们设置的周期参数是5，不够5天不能计算，所以会显示空值。

14.22、实操案例二

在实操案例二中，我们将学习如何通过TA-Lib库"模式识别"的功能，下面通过识别"上升三法"和"下降三法"展开讲解。

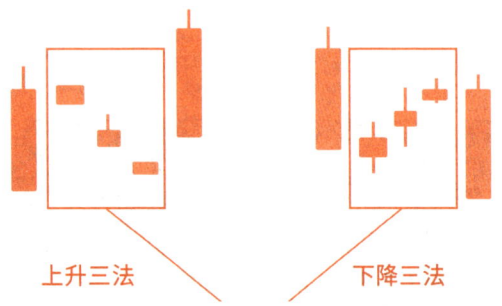

上升三法　　　　　　下降三法

在实操之前，我们先来了解什么是"上升三法"和"下降三法"。

"上升三法"，是由大小不等的5根K线组成的形态：第一根K线一般是大阳线或者中阳线，接着3根调整的小阴线，但这3根小阴线的收盘价没有跌破前面阳线的开盘价，第五根K线又是一根大阳线或者中阳线。一般情况下，"上升三法"这个技术形态会出现在上涨中期，或是底部探明不久后的缓涨阶段；出现这种技术形态后，预示着"震荡洗盘"即将结束，后市将会继续上行，因此"上升三法"是一个买入信号。

而"下降三法"和"上升三法"刚好相反：第一根K线一般是大阴线或者中阴线，接着3根反弹的小阳线，但这3根小阳线的收盘价没有高于前面阴线的开盘价，第五根K线又是一根大阴线或者中阴线。出现"下降三法"后，预示着个股的反弹已经结束，后市将有调整的风险，最好卖出个股。

在简单了解这个技术形态后，下面具体讲解如何通过TA-Lib库"模式识别"来识别这个技术形态。

首先，我们在TA-Lib函数表格中查询有没有这个技术形态的相关内容，打开表格搜索"上升三法"，如下图所示，检索到了相关内容，说明可以进行后续操作。

CDLKICKINGBYLENGTH	integer = CDLKICKINGBYLENGTH(open, high, low, close)	
CDLLADDERBOTTOM	integer = CDLLADDERBOTTOM(open, high, low, close)	
CDLLONGLEGGEDDOJI	integer = CDLLONGLEGGEDDOJI(open, high, low, close)	
CDLLONGLINE	integer = CDLLONGLINE(open, high, low, close)	
CDLMARUBOZU	integer = CDLMARUBOZU(open, high, low, close)	
CDLMATCHINGLOW	integer = CDLMATCHINGLOW(open, high, low, close)	
CDLMATHOLD	integer = CDLMATHOLD(open, high, low, close, penetration=0)	
CDLMORNINGDOJISTAR	integer = CDLMORNINGDOJISTAR(open, high, low, close, penetration=0)	
CDLMORNINGSTAR	integer = CDLMORNINGSTAR(open, high, low, close, penetration=0)	
CDLONNECK	integer = CDLONNECK(open, high, low, close)	
CDLPIERCING	integer = CDLPIERCING(open, high, low, close)	
CDLRICKSHAWMAN	integer = CDLRICKSHAWMAN(open, high, low, close)	
CDLRISEFALL3METHODS	integer = CDLRISEFALL3METHODS(open, high, low, close)	
CDLSEPARATINGLINES	integer = CDLSEPARATINGLINES(open, high, low, close)	
CDLSHOOTINGSTAR	integer = CDLSHOOTINGSTAR(open, high, low, close)	
CDLSHORTLINE	integer = CDLSHORTLINE(open, high, low, close)	
CDLSPINNINGTOP	integer = CDLSPINNINGTOP(open, high, low, close)	
CDLSTALLEDPATTERN	integer = CDLSTALLEDPATTERN(open, high, low, close)	
CDLSTICKSANDWICH	integer = CDLSTICKSANDWICH(open, high, low, close)	
CDLTAKURI	integer = CDLTAKURI(open, high, low, close)	
CDLTASUKIGAP	integer = CDLTASUKIGAP(open, high, low, close)	
CDLTHRUSTING	integer = CDLTHRUSTING(open, high, low, close)	

然后我们来具体分析检索到的函数名和实例：函数名比较长，使用时直接复制即可。在实例方面，调用这个函数并不复杂，需要用到"open，high，low，close"这四个数据，也就是开盘价、最高价、最低价和收盘价。

接下来，我们进入实操环节。在PTrade专业版的研究模块中输入以下代码。

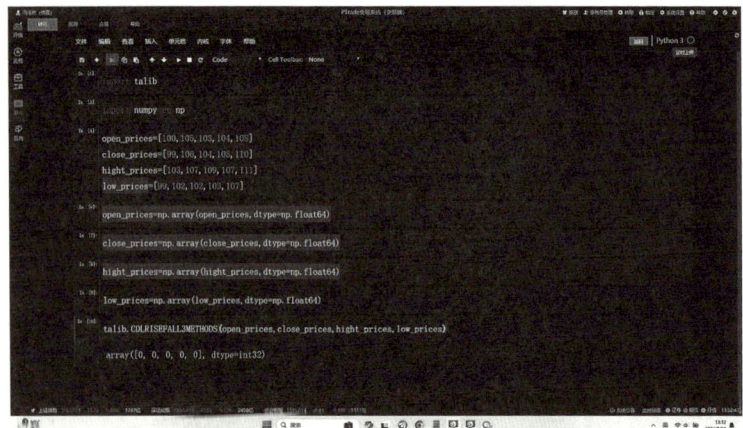

第 14 章　量化指标工厂：TA-Lib 库全攻略

在输出的内容上，识别技术形态与计算技术指标有所不同，识别技术形态是通过"0"和"1"来表示，其中"0"表示没有出现信号，"1"表示出现了信号。如上图所示，输出的内容中有 5 个 0，这表示按照我们给出的 5 天开盘价、收盘价、最高价和最低价数据，5 天都没有出现"上升三法"。

以上就是通过 TA-Lib 库"模式识别"功能来识别"上升三法"和"下降三法"。学到这里，大家可能会好奇如果用 TA-Lib 库做一个策略，效果会怎么样。为此，我们通过 TA-Lib 库识别"上升三法"和"下降三法"来做一个策略，具体如下所示。

```
'''
策略名称：
talib 计算策略信号
策略流程：
1.每日固定时间执行，上升三法买入，下降三法卖出；
2.可设置止盈止损；
Author: 高顿量化
Version: 1.0.0
Date: 2024/08/01
'''
import talib
```

```
def initialize(context):
    #用户可修改参数
    g.config = {
        'buy_amount':50000,
         'event_time': '9:35',   #触发时间  可设置范围是09:30--11:29, 13:00--14:59
         'SL':-0.05,         #止损参数：-0.05表示-5%止损卖出
         'TP':0.2            #止盈参数：0.2表示20%止盈卖出
    }
    run_daily(context, daily_event, time=g.config['event_time']) #设置触发时间


def before_trading_start(context, data):
    log.info('talib计算策略信号')
    log.info('')
    log.info('设置成功')
    log.info('触发时间: {}'.format(g.config['event_time']))
    log.info('策略正常运行 {}'.format(context.blotter.current_dt))
```

```python
# 昨日持仓股票
yst_hold = [v.sid for s, v in get_positions().items()]
# 获取沪深300股票池股票
today_stocks = sorted(get_index_stocks('000300.XBHS'))
today_list = sorted(today_stocks)
# log.info(today_list)
# 昨日在股票池，今日不在股票池
g.sell_list = list(set(yst_hold) - set(today_list))
# 今日股票池
g.sec_list = list(set(g.sell_list) | set(today_list))

def daily_event(context):
    # 卖出股票
    for sec in g.sell_list:
        posInfo = get_position(sec)
        if posInfo.enable_amount>0:
            order(sec, -posInfo.enable_amount)

    for sec in g.sec_list:
        sec_his = get_history(count=20, frequency='1d', field=['close', 'high', 'low', 'open'], security_list=sec,
```

```
fq='pre', include=False)
    close = sec_his["close"].values
    high = sec_his["high"].values
    low = sec_his["low"].values
    open = sec_his["open"].values
    fac = talib.CDLRISEFALL3METHODS(open, high, low, close) #计算上升下降三法信号

    posInfo = get_position(sec)
    holdRet = posInfo.last_sale_price/posInfo.cost_basis-1

    # 卖出模块:卖出信号
    if posInfo.enable_amount > 0:
        if fac[-1]<0:
            order(sec, -posInfo.enable_amount)
        # 未满足卖出,检查是否满足止损卖出
        elif holdRet < g.config['SL']:
            log.info("本次持仓亏损:{:.4f}%,止损卖出".format(holdRet*100))
            order(sec, -posInfo.enable_amount)

        # 未满足死叉和止卖出,检查是否满足止盈卖出
```

```
        elif holdRet > g.config['TP']:
            log.info("本次持仓盈利:{:.4f}%,止盈卖出
".format(holdRet*100))
            order(sec, -posInfo.enable_amount)


    # 买入模块
    if posInfo.amount == 0:
        #监控买入信号
        if fac[-1]>0:
            price = context.portfolio.positions[sec].last_sale_price
            vol = min(context.portfolio.cash, g.config['buy_amount'])/price//100*100  #计算买入数量并取整百
            if vol > 0:
                order(sec, vol)


def handle_data(context, data):
    pass
```

我们重点关注整个策略的中间部分,具体如下所示。

```
    for sec in g.sec_list:
```

```
sec_his = get_history(count=20, frequency='1d',
field=['close', 'high', 'low', 'open'], security_list=sec,
fq='pre', include=False)
    close = sec_his["close"].values
    high = sec_his["high"].values
    low = sec_his["low"].values
    open = sec_his["open"].values
    fac = talib.CDLRISEFALL3METHODS(open, high,
low, close) #计算上升下降三法信号
```

这部分代码就是在识别"上升三法"和"下降三法"的形态，主要分为以下三部分：（1）通过 get_history 函数获取数据；（2）对数据进行类型转换；（3）调用相关的函数。

我们来运行这个策略，看看它到底能否识别出这个技术形态吧。我们先复制这个策略，然后在回测界面新建策略，取名为"上升三法"，再将代码粘贴到策略中。接下来，我们来调整参数，时间选择"2024-03-01到 2024-04-01"，资金和基准都不需要改，周期选择"分钟"，点击"保存"，再点击"运行"即可。

下面我们来具体分析策略在运行的这一段时间里买入的个股。点击右上方的"回测详情"，就可以看到具

体的交易情况,这个月内总共买入了三只个股。打开"回测详情"后,可以看到下方的"交易详情",策略在 3 月 1 日的 9 点 35 分买入了 000408 藏格矿业这只个股。我们来看这只个股的具体走势,点击交易信息,就能看到策略对这只个股的具体操作了。

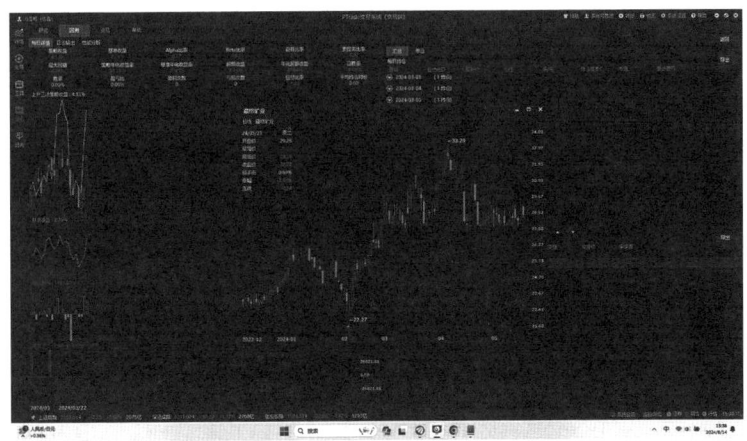

从图中可见,箭头位置就是买入位置,当天走出了冲高回落的走势;再来看一下买入的前面 5 天,确实出现了非常标准的"上升三法"技术形态。

接下来再看另外两笔操作,这两笔操作都发生在 3 月 12 日,分别买入了 002304 洋河股份和 000876 新希望这两只个股,下面我们来逐一分析。

第一只个股 002304 洋河股份,是在 3 月 12 日买入,箭头部分就是买入操作,当天走势是平开高走,收出了一根大阳线；再看前5天，也是非常标准的"上升三法"技术形态。

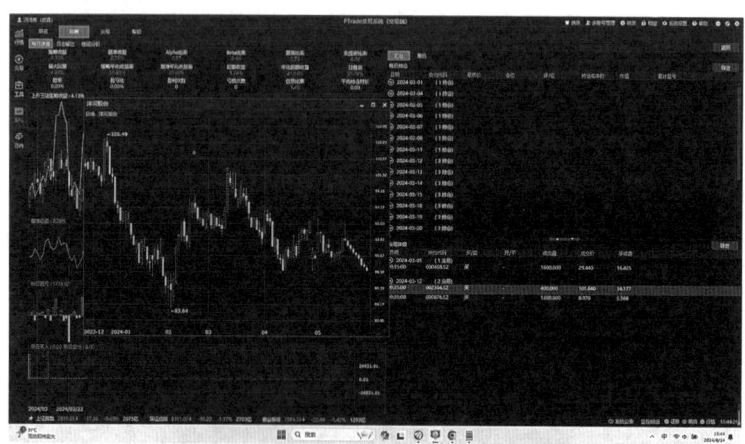

第二只个股000876新希望，也是在3月12日买入，看到箭头位置，买入当天小幅上涨，收出了一根小阳线，虽然买入当天获利不多，但几天后股价再次拉升；再看买入的前5天，也出现了非常标准的"上升三法"技术形态。

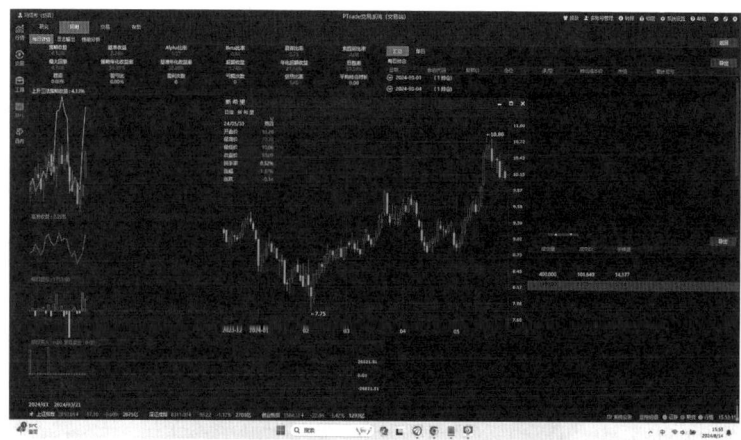

由此可见，通过 TA-Lib 库识别技术形态，如果出现了技术形态就能识别出来，而且识别出来的技术形态也相当标准。试想一下，大家熟练掌握 TA-Lib 库之后，用技术形态操作就可以不用复盘，因为通过 TA-Lib 库就能自动筛选出来。

学到这里，有人可能会疑虑，为什么只有通过"上升三法"买入，而没有通过"下降三法"卖出呢？是识别不出"下降三法"吗？其实并不是。这是因为我们虽然是以"下降三法"形态卖出，但买入的个股没有出现这个技术形态，而 A 股是不能直接卖空的，所以就没有出现通过"下降三法"卖出的情况了。

事实上，如果要实现通过上升三法买入、下降三法卖出，这种情况非常少见，毕竟通过上升三法买入后，可能后面很长时间，甚至把利润全部跌没了，也不会出现下降三法的形态。

策略中也考虑到了这一点，所以设置了止盈止损，即便没有出现下降三法的形态，也可以通过止盈止损来执行卖出操作。

14.3 章节总结

本章中，我们学习了 TA-Lib 库的相关内容。

（1）揭秘 TA-Lib：百种技术指标的底层引擎。

TA-Lib 库涵盖股票软件中多种技术分析指标，不但有常见的 MACD、RSI、KDJ、布林带等，还包括一些比较冷门的指标。此外，TA-Lib 库还具备"模式识别"功能，调用这个功能可以识别出一些常见的技术形态。

（2）三步构建智能交易系统：从均线计算到形态捕捉。

要使用 TA-Lib 库，首先需要查看 TA-Lib 库有没有相关功能，例如在计算 MA 时，要看看 TA-Lib 库有没有计算均线 MA 的功能，有这个功能才可进行后续操作。确认 TA-Lib 库有相关功能后，分析需要用到的数据。最后还需要经过以下三步：第一步，导入 TA-Lib 库；第二步，转换数据类型；第三步，调用函数。

> **小白充能站** ▶▶

Python 量化生态圈

什么是 Python 库？Python 库是经过封装的代码集合，提供特定功能的模块，开发者可以直接调用，避免重复造轮子；库分为标准库（Python 自带）和第三方库（需要额外安装）。接下来，我们按照用途分类，逐一介绍常用的 Python 库。

(1) **Pandas 库**：Pandas 是一个用于数据处理和分析的库。它提供高效的数据结构，如 DataFrame 和 Series，便于数据的读取、清洗、转换和分析。DataFrame 类似于电子表格，是一个二维的数据结构，有行和列的索引，有助于数据筛选、排序、分组等操作。适用场景：Pandas 适用于各种数据格式（如 CSV、Excel、SQL 数据库等）的数据导入和清洗，以及数据分析、探索性数据分析（EDA）等任务。

(2) **NumPy 库**：NumPy 是 Python 中用于科

学计算的基础库。它提供高性能的多维数组对象（ndarray）和用于处理这些数组的各种函数。ndarray是一个同类型元素的多维容器，在内存中连续存储，这使得它在数值计算方面比较高效。适用场景：NumPy广泛应用于数值计算、线性代数、傅里叶变换等数学计算领域。在机器学习中，NumPy用于处理数据特征、进行矩阵运算等操作，是许多高级机器学习库的基础。

（3）**Matplotlib 库**：Matplotlib是一个用于创建各种静态、动态和交互式可视化图表的库。它提供丰富的绘图功能，包括折线图、柱状图、散点图、饼图等多种图表类型。它可以通过简单的函数调用和参数设置来定制图表的各个方面，如颜色、标签、标题等。适用场景：Matplotlib适用于科学研究、数据分析报告、数据可视化等场景。

第 15 章

AI 量化助手：
从策略优化到智能调参全实战

股市有风险，入市需谨慎。书中提到的所有案例和收益仅作参考，主要以教学为目的，不构成收益保证。

本章中，我们将学习如何通过 AI 来辅助学习量化交易。

量化交易具有较强的实操性，在学习的过程中，我们难免会遇到问题，如"某些知识点理解不了""代码看不懂""策略运行报错"等。其实有一个比较高效的解决方法，那就是通过 AI 来寻找答案。

那么，我们要如何通过 AI 来辅助量化交易的学习呢？又有哪些注意事项呢？

第 15 章　AI 量化助手：从策略优化到智能调参全实战

15.1 智能投研新基建：主流 AI 平台能力矩阵解析

目前，互联网上有很多 AI 平台，例如百度推出的"文心一言"、阿里巴巴推出的"通义千问"，以及"DeepSeek"等。

本章围绕 DeepSeek 这个平台来展开讲解。大家也可在其他 AI 平台上尝试一下。毕竟，AI 平台是在不断进化的，技术革新非常快，所以不存在哪个平台"最好用"这一说，大家选择适合自己的 AI 平台即可。

DeepSeek 的官网链接如下：https://www.deepseek.com/

进入 DeepSeek 官网之后，我们首先要做的是注册账户，点击"开始对话"，初次使用的话就会直接跳转到注册账户的页面。

按照页面提示，输入手机号和验证码，点击"登

录",就完成注册了;注册完成后,我们就可以正式使用 DeepSeek 了。

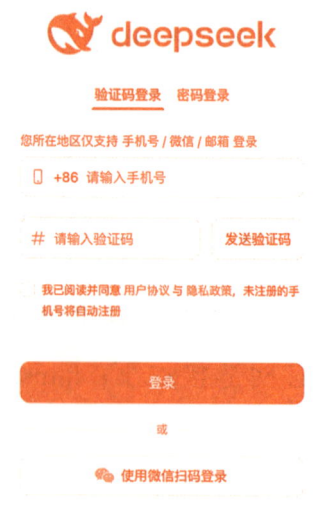

想通过 DeepSeek 来辅助量化交易的学习,需要提前准备以下两件事情:

第一,准备量化软件的 API 文档。当我们向 DeepSeek 提问时,它会在全网搜索答案,然而量化交易可能是在不同的量化交易软件中进行的,所以 DeepSeek 从全网搜索来的答案可能并不适用。以 PTrade 为例,相关代码必须符合 PTrade 的策略框架,而 API 文档上会有 PTrade 的介绍,包括使用方法、相关函数等,因此我们可以在 DeepSeek 上传 API 文档,让它基于 API 文档输出答案，这样得到的答案就会更加精确。

第二，准备"提示词"。除了上传 API 文档，如何向 DeepSeek 提问也同样重要，因为只有把问题准确传达给 DeepSeek，DeepSeek 才能给我们想要的答案，很多人感觉 AI 不好用，就是因为提问的方式不对。

那么，如何把问题准确传达给 DeepSeek 呢？这里就涉及"提示词"的编写了，即在提问时把"关键点"要描述清楚。在 DeepSeek 中，好的提示词有以下三个要素：

（1）首先，明确身份和应用场景。在提问时，需要先明确告诉 DeepSeek，它是什么身份，需要做什么事情。例如，我们想让 DeepSeek 解答量化编程的相关问题，可以告诉它：现在你是一位经验丰富的量化编程导师，擅长 Python 的编程语言，同时对 API 文档有深入的理解，下面你需要为学员解答一些量化编程的问题。

（2）其次，把问题清晰地描述出来。问题描述得越清晰、细致，得到的答案也会越全面。例如，要解决策略报错的问题，我们可以将整段报错复制下来，并告诉 DecpSeek"我在 PTrade 进行量化编程时，出现了报错的情况，报错信息如下"，然后把具体的报错信息发给 DeepSeek；此外，如果想要它给出修改意见，我们还可以把出错的代码也发给 DeepSeek。

（3）最后，把需求讲清楚。问题描述清楚后，我们还要把需求即想要的解决方式表达清楚。例如，要解决策略报错的问题，我们可以告诉 DeepSeek "帮我分析一下策略报错的原因并进行修改"，这样 DeepSeek 就会根据我们的需求来解答。

接下来，本节将围绕"课程知识点不理解""策略看不懂""策略报错"三个提问方向，为大家提供提示词的模板。

> （1）课程知识点不理解。
>
> 现在你是一位经验丰富的量化编程导师，擅长 Python 的编程语言，同时对 API 文档有深入的理解，下面你需要为学员解答一些量化编程的问题：
>
> 我在课程学习的时候，遇到了不理解的知识点：
>
> ××××××
>
> 请帮我深入讲解一下这个知识点，再给我举一些例子，帮助我理解。

> （2）策略报错。
>
> 现在你是一位经验丰富的量化编程导师，擅长 Python 的编程语言，同时对 API 文档有深入的理解，下面

你需要为学员解答一些量化编程的问题：

我在编程的时候，遇到了报错的情况，这是报错的内容：

××××××

然后，这是我的代码：

××××××

请帮我分析一下报错的信息，为什么会出现报错，再告诉我该如何修改。

（3）代码不理解。

现在你是一位经验丰富的量化编程导师，擅长Python的编程语言，同时对API文档有深入的理解，下面你需要为学员解答一些量化编程的问题：

我在量化编程中，对于这一句代码不太理解：

××××××

然后，这是整个代码的内容：

××××××

请帮我分析一下这句代码，我要详细的说明，帮助我理解代码。

在使用DeepSeek时，我们可以先在文档中按照提示词模板进行编辑，编辑完成后再复制到DeepSeek的对话框上,这样操作起来会比较方便。

15.2 快速打造工作流:提示词实战手册

本节中,我们将围绕"课程知识点不理解""策略看不懂""策略报错"三种提问方式进行实操讲解。

(1)"课程知识点不理解"的情况。

以 Python 切片中"前闭后开"这个知识点为例展开说明。打开"课程知识点不理解"的提示词,把不理解的知识点填入提示词中,例如把"××××××"换成"在学习 Python 时,我对切片中'前闭后开'的知识点不理解"。

现在你是一位经验丰富的量化编程导师,擅长python的编程语言,同时对API文档有深入的理解,下面你需要为学员解答一些量化编程的问题:

我在课程学习的时候,遇到了不理解的知识点:

在学习Python时,我对切片中"前闭后开"的知识点不理解。

请帮我深入讲解一下这个知识点,再给我举一些例子,帮助我理解。

写完提示词之后，我们把完整的提示词复制到 DeepSeek 的对话框中，然后把 API 文档上传到 DeepSeek。注意，因为本书涉及的都是 PTrade，所以上传的是 PTrade 的 API 文档；如果大家使用的是其他量化交易软件，那么需要上传该量化交易软件相应的 API 文档。最后，点击"确定"，DeepSeek 就会为我们解答。

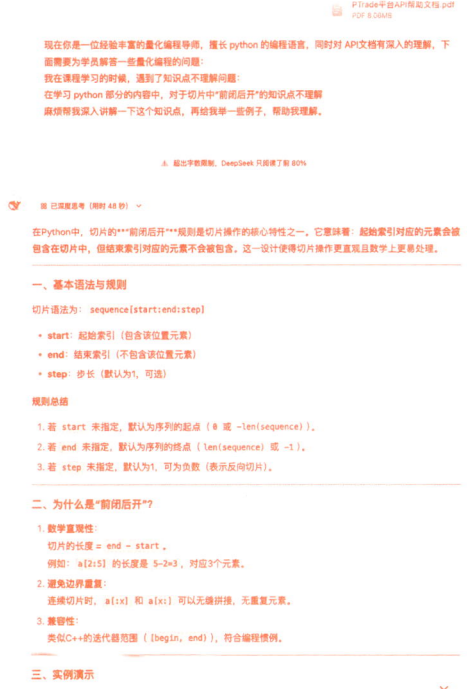

如上图所示，DeepSeek 给出的回答比较全面，既有原则解释，也有案例展示，每一步都十分详细。

如果大家在量化交易学习中遇到不理解的知识点，都可以像上面这样操作，先把提示词填好并上传 API 文档，然后让 DeepSeek 进行详细解答。

(2) "策略看不懂"的情况。

以双均线策略为例，假设我们看不懂双均线策略中如下这段代码。

```
def initialize(context):
    #策略参数
    g.config = {
        'buy_amount': 50000,       #买入金额
        'event_time': '9:35',       #触发时间 可设置范围是 09:30--11:29, 13:00--14:59
        'ma1': 5,                   #短均线参数
        'ma2': 15                   #长均线参数
    }
    g.sec_list = ['601318.SH','000001.SZ']  #股票池 可以填多个 股票不超过20个
    run_daily(context, daily_event, time=g.config['event_time'])  #触发策略时间

def before_trading_start(context, data):
    log.info('$$盘前初始化参数$$')
    log.info(' ')
    log.info('$$策略初始化$$')
    log.info(' ')
    log.info('买入金额: {}'.format(g.config['buy_amount']))
    log.info('触发时间: {}'.format(g.config['event_time']))
    log.info('均线参数1: {}'.format(g.config['ma1']))
    log.info('均线参数2: {}'.format(g.config['ma2']))
    log.info('策略运行日: {}'.format(context.blotter.current_dt))

def daily_event(context):
    for sec in g.sec_list:
        sec_his = get_history(count=61, frequency='1d', field='close', security_list=sec, fq='pre', include=False)
        sec_his['ma1'] = sec_his['close'].rolling(window=g.config['ma1']).mean()   #短均线
        sec_his['ma2'] = sec_his['close'].rolling(window=g.config['ma2']).mean()   #长均线
        if context.portfolio.positions[sec].amount > 0:
            #判断有没有金叉信号出现，计算均线死叉
            if sec_his['ma1'].iloc[-1] < sec_his['ma2'].iloc[-1]:
                if sec_his['ma1'].iloc[-2] > sec_his['ma2'].iloc[-2]:
                    vol = -context.portfolio.positions[sec].enable_amount  #取出全部股数可卖数量
                    if vol > 0:
                        order(sec, -vol)
        else:
            #没有持股的话去买，计算均线金叉
            if sec_his['ma1'].iloc[-1] > sec_his['ma2'].iloc[-1]:
                if sec_his['ma1'].iloc[-2] < sec_his['ma2'].iloc[-2]:
                    price = context.portfolio.positions[sec].last_sale_price
                    vol = min(context.portfolio.cash, g.config['buy_amount'])/price//100*100  #计算买入数量并取整数
                    if vol > 0:
                        order(sec, vol)

def handle_data(context, data):
    pass
```

我们让 DeepSeek 讲解一下。先打开"策略看不懂"的提示词，把看不懂的策略代码和整个双均线策略复制到提示词中，然后把修改后的完整提示词复制到 DeepSeek 的对话框中。注意，如果你之前已经上传 API 文档，就不需要重新上传了；但如果你使用的是新进入的页面或新发起的对话，都需要再次上传 API 文档，这是比较容易忽略的地方，大家需多加注意。

接下来，我们来看 DeepSeek 给出的解析。

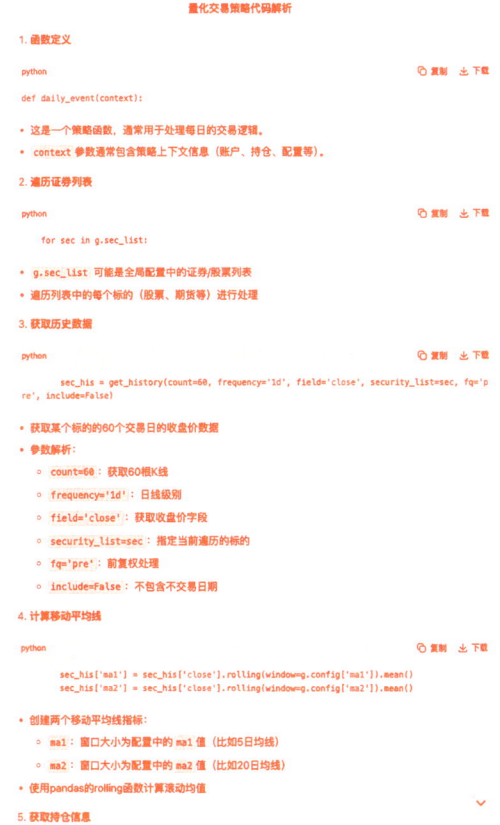

如上图所示，Deepseek 先对整段代码的作用进行介绍，然后对一些关键函数进行讲解，并附上重点代码解释，整体来看回答比较详细。

此外，如果大家对某句代码或某个单词不理解，可以继续向 DeepSeek 提问。例如，对"函数 before_

trading_start(context, data):"不理解,你可以继续向 DeepSeek 提问:我不理解"函数 before_trading_start(context, data):",请深入讲解一下。然后点击"确定",DeepSeek 就会给出详细的解答。

量化交易策略代码解析

在量化交易策略中,`before_trading_start(context, data)` 是一个极其重要且特殊的函数,它通常出现在类似聚宽(JoinQuant)、米筐(RiceQuant)等量化平台的策略框架中。我来为你深入剖析它的设计理念和使用场景:

一、核心功能

这个函数是**每日交易开始前的准备阶段**的入口,用于执行需要在当日交易开始前完成的预处理逻辑。它的核心特点:

1. **触发时机**:在每个交易日 **开盘前** 被自动调用(如A股的9:00-9:30之间)
2. **典型用途**:
   - 更新当日关注的股票池
   - 获取最新财务数据
   - 预处理技术指标
   - 过滤交易信号
   - 初始化当日交易参数

二、参数解析

```python
def before_trading_start(context, data):
```

- `context`:策略上下文对象
  - 持久化容器,可存储自定义变量(如 `context.portfolio` 获取账户信息)
  - 通过 `g`(全局变量)或 `context` 传递跨周期数据
- `data`:历史数据对象(不同平台实现不同)
  - 在聚宽中是 `get_fundamentals()` 等函数的依赖
  - 在vn.py中可能需要主动获取数据

三、与 `daily_event` 的关键区别

特性	before_trading_start	daily_event(或 handle_data)
调用时间	交易日开盘前	通常为收盘后或盘中定时触发
数据可见性	只能看到 昨日之前 的数据	可能包含当日部分数据(如分钟线)
主要用途	预处理/筛选标的	执行实际交易逻辑

综上，如果你是在新进入的页面或新发起的对话中首次开始提问，建议使用提示词进行提问；如果 DeepSeek 给出解答后，你还有不理解的地方，就不需要再用提示词了，可直接在 DeepSeek 的解答下面询问不理解的地方，让 DeepSeek 继续为我们讲解。

（3）"策略报错"的情况。

在进行量化交易时，策略报错是难以避免的；对于策略报错，很多人可能会觉得报错的内容难以理解，而 DeepSeek 就能轻松解决这个难点。

以双均线策略为例，我们把双均线策略复制到回测功能中，先把倒数第三句"order (sec,-vol)"的缩进删掉。点击"运行"，在回测界面的"输出"中可以看到"报错"已经出现了。

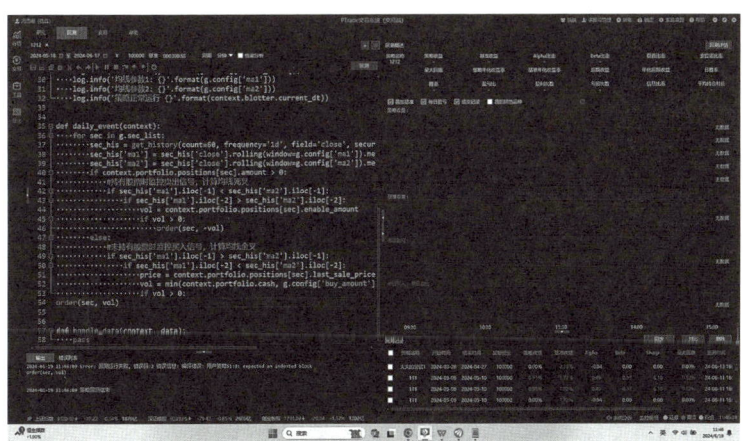

与之前的操作一样，打开"策略报错"的提示词，把报错信息和双均线策略复制到提示词中，然后将修改后的完整提示词复制到 DeepSeek 中。点击"确定"，DeepSeek 就会对报错进行分析，明确告诉我们报错的原因是什么。

以上就是三种提问方式的实操讲解。在学习的过程中，大家遇到问题时可以询问 DeepSeek，这对量化交易的学习很有帮助。

最后，大家使用 DeepSeek 时需要注意以下两点：

（1）DeepSeek 无法用于直接编写量化程序，即便在原有策略上添加功能也是不行的。

例如，我们将双均线策略发给 DeepSeek，然后让 DeepSeek 在双均线策略中添加止盈止损功能。虽然 DeepSeek 很快就会给出代码，但当我们把代码放到 PTrade 中回测，就会发现 DeepSeek 给出的代码是运行不了的，这是因为 DeepSeek 并不是按照 PTrade 的框架去编写策略。总结来说，想写出一个符合自己想法和需求的策略，直接让 DeepSeek 帮我们写策略是很难实现的。学习量化交易是没有捷径可走的，一定要稳扎稳打去学习并不断尝试实操，才能达到我们预期的效果。

（2）DeepSeek 给出的答案并不都是正确的。

例如，在实际操作中，当策略报错时，我们根据

DeepSeek 给出的提示进行修改，但修改后还是报错，这可能就是因为 DeepSeek 给出的答案有误。

15.3 章节总结

本章主要介绍如何通过 AI 来辅助量化交易的学习。

（1）智能投研新基建：主流 AI 平台能力矩阵解析。

我们介绍了如何使用 DeepSeek 这个 AI 平台，想通过 DeepSeek 来辅助量化交易的学习，有两件事情是必须提前做好准备的，第一是准备好量化软件的 API 文档，第二是学会提问。

（2）打造工作流：提示词实战手册。

我们围绕"课程知识点不理解""策略看不懂""策略报错"三个方向来进行实操。

后 记

当您看到这行文字，恭喜您已成功穿越量化交易的星辰大海——从均线的朴素韵律到"海龟"的百年智慧，从 K 线的微观波动到市值的宏观棋局。

在量化领域浸淫愈深，愈需铭记爱因斯坦的警告："盲目地迷信权威是真理的最大敌人。"

即便你已能用 Python 驯服 TA-Lib 的 132 个指标，用 PTrade 构建全天候作战系统，也请永远保持对市场的敬畏。量化不是点石成金的魔杖，而是将"我猜测"转化为"我验证"的科学仪式。如《黑客帝国》中墨菲斯所言："你看见的是程序世界的门，但钥匙在自己手中。"我们前方是西蒙斯用 66% 年化收益照亮的星空，脚下是 3 000 万中国散户尚未觉醒的沃土。

这本《散户也能看懂的 AI 量化交易书——从底层逻辑到实操运用》的最后一页，正是你量化史诗的序章。现在，请点击策略启动按钮，让你的思想在数字宇宙中绽放！